ÁNGELES

ÁNGELES

Cómo ver, escuchar y sentir a tus ángeles

KYLE GRAY

Título original: *Angels*

Traducción: Sandra Rodríguez

Diseño de portada: Diana Ramírez
Fotografía de portada: © Shutterstock
Formación de interiores: Víctor M. Ortíz Pelayo | www.nigiro.com
Fotografía del autor: Drew John Barnes

© 2015, Kyle Gray
Publicada originalmente en 2015 por Hay House UK, Ltd

Publicado en español mediante acuerdo con Hay House UK Ltd., Astley House, 33 Notting Hill Gate, London W11 3JQ UK

Derechos mundiales exclusivos en español

© 2015, Editorial Planeta Mexicana, S.A. de C.V.
Bajo el sello editorial DIANA M.R.
Avenida Presidente Masarik núm. 111, Piso 2
Colonia Polanco V Sección
Deleg. Miguel Hidalgo
C.P. 11560, México, D.F.
www.planetadelibros.com.mx

Primera edición: noviembre de 2015
ISBN: 978-607-07-3141-9

Impreso en los talleres de Litográfica Ingramex, S.A. de C.V.
Centeno núm. 162-1, colonia Granjas Esmeralda, México, D.F.
Impreso y hecho en México – *Printed and made in Mexico*

Todo lo que proviene del amor es un milagro.
UN CURSO DE MILAGROS

Contenido

Lista de ejercicios

Introducción

Nunca olvidaré la primera vez que vi físicamente a mi ángel guardián. Apenas tenía 20 años y había dejado atrás todo mi trabajo espiritual. Todos los libros, las cartas del tarot y los cristales se habían colocado en cajas y almacenado.

Estuve realizando lecturas psíquicas profesionales desde los 16 años y se había vuelto demasiado pesado. Ser reconocido como el médium más joven del Reino Unido fue muy emocionante al principio, pero a medida que pasaron los años se convirtió más en una carga que en un don.

Aunque apenas era un adolescente, había pasado la mayor parte de mi tiempo con mujeres maduras o personas a quienes ayudaba con sus problemas. Sentía como si tuviera un papel, un propósito y una razón por la cual ayudar a la gente, pero también me sentía desequilibrado. Experimentaba las cosas más inusuales. Por ejemplo, hacía una lectura para una mujer que estuviera atravesando por la menopausia, ¡y sentía el calor! Estaba ahí sentado y literalmente me daba un bochorno junto con ella, o incluso por ella. ¡No era agradable! También experimentaba las situaciones más difíciles, desde la forma en que la gente había fallecido hasta el pesar de aquellos que se habían quedado atrás. Asesoraba a personas durante su divorcio. Estaba abrumado y necesitaba un descanso.

Discutí la situación con mi mamá y acordamos que era hora de detenerme. Pensé en ir a la universidad y mi papá sugirió que estudiara producción musical. Procedí a hacerlo, y después trabajé por un tiempo en el aeropuerto de Glasgow y luego pasé a trabajar en un hotel de cuatro estrellas como coordinador de eventos, mientras que por otro lado fungía como DJ.

Me encantaba mi trabajo en el hotel, pero definitivamente tuvo sus retos. Recuerdo que tras unos seis meses de haber tomado el puesto sentí que necesitaba dejar de quejarme, de culpar a las personas y de contribuir a la negatividad. La famosa cita *Sé el cambio que quieres ver*, pasaba constantemente por mi cabeza y sabía que por alguna razón estaba ahí. Yo no era la persona más difícil, pero por supuesto que no estaba demostrando amor de la mejor manera que podía.

Recuerdo que esa noche saqué un libro de ángeles y me fui a la cama. Me metí bajo las cobijas y empecé a leerlo. Me quedé realmente absorto al leer acerca de los seres divinos que yo siempre había visto, escuchado o sentido cuando estaba leyéndole las cartas a la gente, Luego, al darle la vuelta a una de las páginas, una pluma de color blanco puro cayó del libro y aterrizó en mi pecho. Después de eso fue como si todo estuviera sucediendo en cámara lenta. Mi habitación se iluminó con la luz dorada más serena y más luces comenzaron a colocarse en arco por encima de mi cama, y lucían como el contorno de lo que sólo puedo describir como seres angelicales. Recuerdo haberme sentido amado, seguro, y quedarme dormido sabiendo que no éramos los únicos seres en el universo...

A la mañana siguiente me despertó la alarma que sonaba en mi teléfono. Estaba acostumbrado a apagarla automáticamente, pero ese día abrí los ojos y miré el teléfono. Eran las 7 de la mañana. Apagué la alarma y puse el teléfono de nuevo en mi mesita de noche. Entonces, al mirar hacia abajo rumbo al lado de la cama, preparándome para saltar hacia afuera, de repente me di cuenta de que un hombre estaba ahí parado y me miraba. Medía más de dos metros de alto y era el doble de Barack Obama. Sacudí la cabeza, pensé que seguía medio dormido, y parpadeé un par de veces. Él seguía ahí.

Sentí como si lo conociera, pero no sabía por qué. No voy a mentir, mi mente lógica pensaba *¿Qué diablos está pasando aquí?* Mientras tanto, mi cuerpo se congeló del asombro ante este ser magnífico. Sus ojos eran como el fuego; era como si yo estuviera mirando hacia adentro de un caldero de luz. Y a su vez él me estaba mirando, simplemente mirando dentro de todo mi ser. No pude evitar sentir amor. Pero no tenía idea de lo que él quería de mi parte y otra vez se me había hecho tarde, así que me levanté, me fui a dar una ducha y esperé que para cuando regresara él ya se hubiera ido.

Recuerdo haber caminado de nuevo hacia mi recámara con una toalla envuelta alrededor de la cintura... y él todavía estaba ahí. Esta vez lo observé mejor. Solamente estaba parado ahí... con su armadura puesta. Era un traje metálico que se ajustaba de manera ceñida a su cuerpo. ¡Vaya! Pensarías en un superhéroe cuando lo vieras.

Fuera un superhéroe o no, decidí que no iba a verme mientras me vestía, así que hice todo eso en el baño y me fui para empezar mi día.

Cuando llegué a la oficina esa mañana, no le dije a nadie lo que había visto. No quería que la gente pensara que había perdido la razón. Más importante aún, ¿qué quería él de mí? Sabía que cuando sucedían este tipo de cosas era porque había algo más. Realmente creo que las experiencias espirituales suceden por una razón, y siempre para nuestro bien mayor.

Justo antes del almuerzo, mi teléfono móvil empezó a sonar. Mi jefe me dijo: «¿Vas a apagar esa cosa?», pero yo estaba intrigado. Era un número privado y pensé que podría ser una oportunidad para trabajar como DJ, así que dije que iba a tomar la llamada fuera de la oficina.

Contesté y me sorprendió gratamente escuchar la voz de una mujer que trabajaba para el diario escocés *Sun*.

—¿Habla Kyle Gray, el psíquico?

—Bueno, antes lo era, pero ya no... —le respondí de forma muy brusca. Ella parecía estupefacta.

—¿Qué quieres decir con eso de que «antes lo eras»? ¿Acaso eso no es un don? Te estoy llamando con respecto a un nuevo puesto como columnista. Nos preguntábamos si te interesaría venir a una entrevista.

No voy a mentir: no me interesaba y definitivamente dejé en claro que me resistía. Pero después de unas cuantas llamadas telefónicas más y de preguntarle a mi mamá, decidí ceder e ir «a platicar».

Así que ya es una semana después y se me está haciendo tarde (de nuevo), esta vez para mi entrevista con el *Sun* escocés.

La periodista senior Yvonne me recibió y se dispuso a preguntarme acerca de mi vida. Una mujer amable, de cincuentaitantos años, esbelta y rubia, con anteojos colocados sobre su cabeza, los cuales se ponía rápidamente para escribir y se quitaba al hablar. Estaba interesada en mi trabajo y sentí que era cálida y cariñosa. Pude ver su aura (la energía que rodea a todo ser viviente) brillante y la luz de un ángel estaba a su alrededor. Mientras ella estaba ahí sentada, el espíritu de un gato entró caminando y se sentó en su regazo. No dije nada, pero mentalmente tomé nota de ello.

Cuando llegó el editor, fue como en la película *El diablo viste a la moda*, supe que iba en serio y que no iba a aceptar ninguna tontería por parte de nadie. Al instante, dijo:

—Hoy he visto a muchos de ustedes. ¿Qué lees? ¿Las piedras, los huesos, las runas, las tumbas...?

Reí nerviosamente y dije:

—Bueno, no. Pero a veces puedo ver a los ángeles de la gente, y creo que si invitamos a los ángeles a nuestra vida podemos superar cualquier cosa.

—Oh, esto me agrada bastante —dijo, sorprendido—, y tú me agradas. Eres joven, moderno y nuevo. Realmente nunca hemos visto nada igual.

Eso sonó alentador, pero pronto puso fin a la entrevista diciéndome que estarían en contacto. Cuando me preparaba para irme, mi ángel guardián me animó a mencionar al gato. Recuerdo haberme sentido tenso y quería contenerme, pero sabía que debía demostrar que era auténtico. Por fortuna, resultó que Yvonne se identificó claramente con ello, pues apenas unos días antes su querida gata Majika tuvo que ser sacrificada.

Sabía que algo estaba pasando aquí, y unos cuantos días después recibí un correo electrónico que me ofrecía un contrato por seis semanas. No estaba seguro, pero decidí tomarlo. Era como si hubiera luchado contra estos ángeles durante demasiado tiempo. Decidí dejar de luchar, dejar de huir de mi verdad. Opté por rendirme y aceptar el camino que los ángeles claramente tendían para mí.

Decidí incrementar mi práctica de meditación y trabajar para mejorar mis habilidades. Regresé al hotel y les platiqué de mis experiencias a mis colegas. Todos parecían estar sorprendidos. También les hablé de mi nuevo empleo, pero añadí que iba a seguir trabajando ahí. Era mi base en esa época. Pensé en el cambio que quería ver, y decidí que incluiría mi trabajo en el hotel en mi proyecto. Si pudiera ser un modelo positivo ahí, podría serlo en cualquier lugar.

Me traje un paquete de cartas de ángeles al trabajo y las puse en mi escritorio. Elegía una cada mañana y permitía que mis colegas también eligieran una. Coloqué afirmaciones positivas alrededor de mi escritorio y además las pegué en las paredes de mis colegas. Era hora de ponerse positivo.

Tan sólo una semana después me invitaron de nuevo al *Sun* escocés para conocer a algunos otros miembros del personal y recoger un montón de cartas escritas a mano para mi primera columna. Para empezar, tenía que hacer lecturas para los periodistas y sus parientes y amigos. Hacer lecturas de este tipo significaba que la gente podría ver mis habilidades. La primera columna se publicó un martes y fue un momento emocionante.

Unos días después, tuve un día libre en el trabajo y estaba en casa cuando tocaron a la puerta. Abrí y me encontré al cartero, parado ahí con un enorme costal.

—¿Has empezado a escribir para el periódico? —preguntó.

—Sí, de hecho sí —admití.

—Bueno, ¡esto es para ti! —dijo, y me entregó el costal.

Me eché a reír nerviosamente al tomarlo. Luego dijo:

—No cierres la puerta, ¡abajo tengo otros dos!

Mi vida había cambiado en una semana.

Recuerdo estar sentado con mi mamá en nuestra estancia, mientras miraba todas las cartas y me sentía completamente asombrado ante la respuesta.

—¿Qué voy a hacer? —dije.

Ella respondió con calma y con lágrimas en los ojos:

—Solo necesitas avanzar con ellas y hacer tu mejor esfuerzo. ¡Estoy tan orgullosa de ti en este momento!

Después de mis primeras seis semanas en el periódico me dieron un puesto permanente. Eso sí, seguí trabajando en el hotel durante un año más, hasta que en noviembre de 2011 decidí dar el salto y convertirme en consultor espiritual de tiempo completo.

El último día de mi empleo en el hotel me alegró ver que todo el mundo se había vestido de rosa, ya que era un día de Asistencia para el Cáncer de Mama, y que todos los altos directivos tenían una baraja de cartas de ángeles en su escritorio. Mi trabajo aquí había concluido y mi nuevo trabajo de difundir la luz de los ángeles había comenzado en verdad.

El ser de tipo Obama que había aparecido un año atrás resultó ser mi ángel guardián, Kamael. Se había aparecido porque quería guiarme por mi camino y mostrarme mi verdadero potencial para estar al servicio de los demás. Escuché su llamado y le permití ser mi guía, y estoy muy contento de estar aquí, compartiendo hoy el amor de los ángeles contigo.

¡Bienvenido al mundo de los ángeles! Espero que este libro te ayude durante tu viaje.

Parte I

¿QUÉ SON LOS ÁNGELES?

Los ángeles son los dispensadores y administradores de la benevolencia divina hacia nosotros; toman en consideración nuestra seguridad, se comprometen a defendernos, dirigen nuestro camino y constantemente se ocupan de que ningún mal nos acontezca.

JUAN CALVINO, TEÓLOGO FRANCÉS

Capítulo 1

Los ángeles son reales

¡Soy científico y creo en los ángeles!

DAVID R. HAMILTON, DOCTOR EN FILOSOFÍA

Los ángeles son un tema emocionante. Todos sabemos lo que son, porque los hemos visto en la televisión o en los medios de comunicación o porque hemos escuchado acerca de ellos en la iglesia o por parte de parientes y amigos. Tan pronto vemos una figura con un halo y unas alas, sabemos que es un ángel, ¿verdad?

También escuchamos que se utiliza la palabra «ángel» para describir a las personas que realizan actos de bondad. Escuchamos que se usa para describir a un niño hermoso o un bebé que duerme en su cuna.

La palabra de hecho proviene del vocablo griego *angelos*, que significa *mensajero*. La sílaba «el» proviene de la palabra hebrea *Elohim*, que significa *Dios*. Los ángeles son mensajeros de Dios. Cuando hablo de Dios, no me refiero a un hombre con barba y un cetro flotando en una nube, me refiero a la energía universal que se mueve a través de todos nosotros, una energía de amor. Dios es amor, y los ángeles son los pensamientos de Dios, por lo que también son amor.

Me he dado cuenta de que todos tenemos un ángel guardián con nosotros, un ser divino, un pensamiento de Dios, que se nos dio como regalo. Nuestro ángel nos mira y se enamora. Los ángeles nos aman incondicionalmente; no quieren nada más que ayudarnos. Su función es apoyarnos, guiarnos, amarnos.

Los ángeles están por todas partes. Vemos símbolos de ellos a todo nuestro alrededor, tallados en los costados de los edificios, en pinturas, como prendedor en el abrigo de lana pesada de nuestra abuela... Vamos a ver que son una realidad para muchas personas, tanto para las que son religiosas, como también para las espirituales.

Los ángeles son parte de la mayoría de las religiones. De hecho, todos los sistemas de creencias de los cuales tengo conocimiento mencionan algún tipo de presencia o ser espiritual, ya sea en sus textos o en su tradición oral. Todas las religiones abrahámicas (el cristianismo, el judaísmo y el islamismo) mencionan ángeles. Incluso esto se pone más padre: el budismo, el hinduismo y el sintoísmo japonés mencionan seres espirituales que son capaces de moverse a través del aire.

Crecí en un pueblo donde la mayoría de la gente era católica o protestante. Al crecer dentro de una familia protestante, nunca se habló mucho de los ángeles. Aunque estaban en nuestra Biblia, se les prestaba poca atención. Cuando aprendí más tarde en la vida que la religión católica en realidad incorpora oraciones a los ángeles y hablar con tu ángel guardián, realmente deseé haber conocido más acerca de ellos a una edad más temprana.

En mi experiencia, sin embargo, los ángeles van más allá de la religión. El hombre creó la religión, pero Dios creó a los ángeles. Estos seres divinos no se limitan a un sistema de creencias en particular. Son seres aconfesionales* que nos aman, ya sea que creamos en ellos o no.

Recientemente me contactó una mujer después de perder a su pareja. Ella creía fuertemente en los ángeles, pero le resultaba difícil creer en Dios. Había sido criada en una familia mayormente católica y se había sentido culpable durante muchos años por no creer en Dios. Cuando empezó a conectarse con los ángeles, sintió una conexión amorosa que nunca había experimentado antes. Era como si hubiera apoyo divino para ayudarle a superar este momento difícil, un apoyo que ella nunca había sentido por parte de lo que llamaba «Dios».

Cuando hablamos acerca de su situación, llegué a averiguar que el Dios del cual le habían hablado cuando era niña, era un Dios de temor. Le habían creado conciencia del «pecado» y se había sentido agobiada por sus errores y «pecados», al grado de que ahora estaba preocupada por lo que Dios pensara de ella, asustada por las posibles repercusiones de sus decisiones e incluso preocupada de que su pareja estuviera a salvo en el cielo.

Admitió que había evitado a Dios como a la peste, pero que al encontrarse con mi trabajo y el de otros escritores de ángeles, era como si hubiera vuelto a casa.

---

* Que no pertenecen o que no están adscritos a ninguna confesión religiosa.

Aproveché la oportunidad para recordarle que Dios no estaba atado a una religión específica, sino que era una energía de amor incondicional, al igual que los ángeles. También compartí con ella una de mis citas favoritas de *Un curso de milagros*, el gran texto metafísico: *Dios no perdona, porque nunca ha condenado.* Ése fue un momento muy emotivo, porque entonces se dio cuenta de que Dios no era temor, Dios era amor, y de alguna manera los ángeles habían aparecido en su vida para recordárselo.

Si fuiste criado dentro de alguna religión o algún sistema de creencias en particular y te sientes culpable por no estar de acuerdo con todo lo que dice, o si tienes miedo de llegar a ser juzgado, ahora es el momento de cambiar. Ésas no son más que ilusiones. La verdad es que eres amado.

Hacer las paces contigo mismo y tus creencias es una de las mejores maneras de sentar las bases para una relación con los ángeles. Los ángeles quieren que tengas paz interior, y si necesitas hacer un espacio para ella, te ayudarán. Recuerda siempre que eres amado y que eres libre. Cuando te das cuenta de esto, empiezas a trasladarte hacia una realidad de amor.

Toma un poco de tiempo hoy para pensar acerca de tus creencias y opciones en la vida. Si en tu corazón tienes temor a lo desconocido o a algún tipo de castigo, es momento de soltarlo y reclamar tu libertad. Esto podría no suceder de la noche a la mañana, pero es una gran oportunidad para darles la bienvenida a los ángeles y dejar que realicen sus milagros.

Libre albedrío

Los ángeles trabajan bajo una ley espiritual conocida como *libre albedrío*. Esto significa que no pueden ayudarte hasta que les des la bienvenida para que entren. Así ocurre también con el Creador. Fuiste enviado aquí para tomar tus propias decisiones, y esas decisiones crearán olas de experiencia que vas a atravesar. Cuando tomes la decisión de aceptar la ayuda y darles la bienvenida a los ángeles a tu vida, sucederán milagros.

Soy estudiante de *Un curso de milagros* y ello me ha ayudado a romper muchos límites en mi trabajo con ángeles. Éste define un milagro como *un cambio de percepción*, y así es. Es ese momento en que nos decidimos a centrarnos en el amor, en lugar de en el temor. Es cuando decidimos perdonar, en lugar de guardar rencor.

Los ángeles son hacedores de milagros. Así pues, dale la bienvenida a su ayuda y permite que sean tus nuevos modelos y guías. No harán que te pongas ningún loco accesorio de moda, pero te van a cambiar. Van a eliminar las barreras que hay alrededor de tu corazón y te ayudarán a alinearte con tu verdadero yo, el yo que ama y es amado.

Los temores y las viejas creencias impiden que hagas una conexión directa con tus ángeles, y ambas son las razones por las cuales muchas personas no experimentan el amor y el apoyo de los ángeles. Es por esto que te animo a dejar de lado lo viejo y dejar entrar el amor. ¡Por esto es que estás haciendo espacio! ¡Estás quitando las cosas difíciles y haciendo espacio para las cosas amorosas!

Has sido llamado hacia este libro por una razón. Probablemente porque estás listo para hacer algún tipo de cambio en tu vida y quisieras pensar que hay ayuda disponible para ti. Bien, la buena noticia es que llegaste al lugar correcto y la parte emocionante de esto es que no hay mayor apoyo que el que sabes que sólo está esperando para ayudarte. Tómate un tiempo para pensar en eso.

Ahora es momento de romper las barreras del temor y abrirte ante el apoyo de los ángeles. Están ahí, esperándote en este momento. De hecho, mientras lees esto hay ángeles frente a ti, ángeles detrás de ti, ángeles a ambos lados, ángeles por encima de ti, y ángeles debajo de ti. A dondequiera que mires, hay un ángel que simplemente espera que le des la bienvenida a tu vida.

Creer en los ángeles no tiene que ser una exhibición pública, por cierto. Puede ser tan privado como quieras. Los ángeles no quieren disfrutar de ser el centro de atención ni ser famosos, sólo quieren llevar a cabo su propósito, y ése es ayudarte y amarte.

No hay nada que temer; los ángeles no saltan de una nube de humo y te asustan. Su energía es más sutil que eso. Te pueden mostrar signos de su presencia a lo largo del camino, pero el primer paso es más como una invitación, para que puedas construir una relación con ellos y realmente tomar conciencia de lo maravilloso que existe dentro de ti.

Ejercicio: Dar la bienvenida a la ayuda

El primer paso para una relación positiva y edificante con los ángeles es dar la bienvenida a su ayuda. Durante los siguientes 10 minutos, aproximadamente, asegúrate de no ser molestado. Apaga la televisión, cierra tu computadora portátil y pon tu iPhone en modalidad silenciosa, ¡es tiempo de conectarse con los ángeles!

- Coloca tus manos sobre tu plexo solar, justo arriba del ombligo, con la mano derecha sobre la izquierda, y respira suave y profundamente hacia tus manos durante unos momentos para estar centrado.

- Después de unos momentos de centrarte, abre los ojos y di esta oración, ya sea a volumen bajo para ti mismo o en tu mente:

Queridos ángeles:

Les doy las gracias por acompañarme en mi camino. Es muy bueno saber que son reales y que están conmigo. En este momento aprovecho la oportunidad para cambiar. Es hora de soltar las creencias y los pensamientos restrictivos que en una época me ataban al temor y a la culpa. Hoy elijo moverme en una nueva dirección, la dirección del amor. Gracias, queridos, por retirar las barreras del temor de mi corazón para que pueda percibir claramente la presencia del amor, la presencia de Dios y la presencia de ustedes, queridos ángeles. Estoy dispuesto a cambiar, y con intenciones positivas les doy la bienvenida a mi vida para que me guíen y me muestren el camino hacia una vida más amorosa y plena. Abro mi corazón ante el amor y acepto que éste es el único camino hacia adelante.

¡Gracias, ángeles!
¡Y así es!

· Tómate unos momentos para disfrutar del espacio y la serenidad a los cuales les has dado la bienvenida para que entren en tu vida. Es posible que quieras cerrar los ojos y meditar en silencio o escribir la oración en tu diario. Sea lo que sea que hagas, asegúrate de reconocer y agradecer este momento antes de regresar a tu día, ¡sólo que ahora con un corazón abierto ante el amor angelical! ¡Felicidades!

RESUMEN

· La palabra «ángel» significa *mensajero de Dios*.

· Los ángeles son los pensamientos de Dios.

· Los ángeles están mencionados en las diferentes religiones, pero van más allá de la religión.

· Todos tenemos un ángel guardián que ha estado con nosotros desde que nacemos.

· Los ángeles nos aman incondicionalmente.

· Al igual que los ángeles, Dios es amor y no condena.

· Un milagro es un cambio de percepción que pasa del temor al amor.

· Los ángeles están esperando a que los invitemos a nuestra vida.

Capítulo 2

El propósito de los ángeles

No caminas solo. Los ángeles de Dios flotan cerca y por todos lados.
UN CURSO DE MILAGROS

Los ángeles son los máximos modelos. Todos los días aspiro a ser como ellos. Su propósito es proteger, guiar y sobre todo amar.

Los ángeles también son sanadores divinos. Están aquí para traer los rayos sanadores del cielo hasta nosotros. La sanación no tiene que llevarse a cabo a nivel físico; puede ser a nivel emocional, psicológico o, mejor todavía, planetario.

Como se mencionó en el capítulo anterior, los ángeles no nos pueden ayudar, a menos que demos la bienvenida a su ayuda; sin embargo, deben dejarnos tener libre albedrío. El propósito del libre albedrío es permitir que descubramos que existe apoyo para nosotros y luego decidir si queremos ser apoyados durante nuestro viaje. Todos tenemos una razón para estar en ese viaje y todos tenemos lecciones que atravesar. Los ángeles están con nosotros a cada paso del camino, así que ahora que ya lo sabes, encárgate de darles la bienvenida.

Eso sí, no esperes que retiren todas las dificultades de tu camino, puesto que necesitas aprender. Todos lo necesitamos, y una de las cosas que he encontrado en mi trabajo con ángeles es que no siempre pueden sacarnos mágicamente de una situación difícil. Muchos de nosotros creamos dificultades para nosotros mismos y los ángeles no pueden eliminarlas hasta que decidamos hacer un cambio. Pero si algo difícil está sucediendo en nuestra vida y necesitamos aprender de ello, nos van a guiar a través de esto.

Empoderamiento

Tu ángel guardián sabe lo que realmente eres. Ellos ven tus puntos fuertes. Incluso cuando te sientes decaído y vulnerable, ven tu verdadero potencial. Te ven como una fuente de poder y quieren que te des cuenta de ello. Así, uno de los propósitos es empoderarte.

Si hay algo que estás listo para dejar de lado o un sueño que estás a punto de seguir, tu ángel será como tus alas en la espalda y te animará a dar el salto.

Imagínate por un momento cómo sería no tener miedo. No tener dudas. Ser fuerte, estar centrado y estar lleno de gracia. Verte a ti mismo como una luz brillante llena de energía, apoyada por el universo. Así es como te ven los ángeles. Es una hermosa imagen para contemplar.

Cuando estés listo, tus ángeles te empoderarán para cumplir con tu propósito en este planeta. Todo lo que necesitan es una invitación.

Protección

Tu ángel guardián quiere que te sientas seguro. Están dedicados a tu bienestar. Su función básica es protegerte. Tal y como te voy a seguir diciendo, te aman más que a la vida misma. Ante sus ojos eres un tesoro, la luz de su vida y el propósito de su creación. Harán todo lo que les sea posible para protegerte de cualquier cosa que no te esté sirviendo.

He visto casos en que la gente ha invocado a los ángeles para que le brinde protección y una luz blanca brillante la ha envuelto. Es como si estuvieran en una burbuja de amor y protección, y lejos de cualquier daño.

Recuerdo la primera vez que descubrí el poder de la protección angelical. Fue cuando estaba en la escuela. Fui acosado por bravucones que me molestaron sobre todo durante mis primeros años escolares, y eso realmente afectó la seguridad en mí mismo. Pero cuando me enteré de los asombrosos poderes protectores de los ángeles, con regularidad les pedía que estuvieran conmigo. Me imaginaba ángeles a cada lado de mi cuerpo y sabía que estaba a salvo. También veía una luz dorada que brillaba a mi alrededor y se extendía hacia todos los que miraban hacia donde yo estaba. Esta luz representaba la paz.

Tan pronto empecé a poner esta luz protectora, las cosas cambiaron. La gente al instante empezó a portarse muy amable conmigo o, mejor aún, no se metía conmigo en lo absoluto, y eso me permitió disfrutar mis últimos meses en la escuela. Acabé por salirme temprano porque no tenían un curso de Estudios Religiosos Elevados, el único tema, aparte del inglés, que me encantaba.

Orientación

Los ángeles quieren guiarnos en la dirección correcta. Son como un sistema GPS* espiritual. Nos guían a través de nuestra voz interior, pero si no estamos espiritualmente conscientes la mayoría de las veces, no la escucharemos. Cuando empezamos a conectarnos con los ángeles, sin embargo, se nos presenta un sistema divino de cartografía, orientación interna que podemos utilizar en cualquier momento.

Si les pedimos a los ángeles que nos guíen, nos muestran el camino un paso a la vez. La mayoría de las personas, cuando comienza a conectarse con los ángeles, quiere ver el resultado final, pero no es así cómo ellos funcionan. Quieren que nos mantengamos centrados y presentes en nuestra vida. Es por eso que sólo nos brindan un paso a la vez. Nuestro trabajo consiste en confiar en ellos.

Escucha

Los ángeles son maravillosos como oyentes. Al igual que nuestros mejores amigos, escuchan sin juzgar. Aunque no podamos escuchar sus respuestas, es increíble desahogarse con ellos.

Puedes hablar con los ángeles en voz alta o internamente a través de tu mente, y ten la seguridad de que van a

---

* Por sus siglas en inglés, Global Positioning System (sistema de posicionamiento global).

escucharte. Aun si tienes pensamientos que parezcan críticos y negativos, está bien, tus ángeles escuchan. He encontrado que cuando permitimos que nuestras frustraciones se acumulen, se convierten en un bloqueo para la paz interior, por lo que definitivamente es mejor que salgan a que se queden adentro.

Necesitarás un poco de tiempo y sin duda bastante paciencia para empezar a escuchar a tus ángeles (sobre esto se hablará más adelante), pero hay otras formas de interactuar con ellos. Después de hablarles acerca de tus desafíos, o incluso de lo que te encanta, puedes darles las gracias por enviarte una señal de su presencia, un indicio de que te han escuchado o una pista sobre lo que piensan que debes hacer. Te sorprenderá gratamente lo que va a pasar.

Recuerdo un momento en que estuve dando un taller de ángeles en Stratford-upon-Avon, el pueblo donde nació Shakespeare. Fue un maravilloso fin de semana organizado por el psíquico y astrólogo David Wells. Personas de todo el Reino Unido y más allá habían venido para disfrutarlo, incluyendo a una mujer de Noruega llamada Tove. Ella siempre tuvo una inclinación hacia lo espiritual, pero no había pasado mucho tiempo pensando en ángeles.

En una de mis charlas matutinas presenté los ángeles a la gente, y la alenté a agradecerles por recordarles su presencia. Cuando terminó el taller, nos separamos para el almuerzo. Tove se reunió con algunos amigos y durante la hora del almuerzo se olvidó por completo de haber solicitado un recordatorio por parte de los ángeles. Pero mientras caminaba hacia afuera por la puerta principal del hotel, una enorme pluma cayó justo a sus pies. Era de color blanco puro y más grande que su mano.

«La gente dice que las plumas son de las aves», dijo más tarde, «y siempre estuve de acuerdo, pero cuando una pluma enorme aterriza tal cual a tus pies sin que haya pájaros a la vista, ¡tienes que creer!»

¡Fue brillante!

Cuando las cosas salen mal

La gente a menudo me dice: «Si los ángeles existen, ¿dónde estaban cuando sucedió esto...?», y me cuentan algún tipo de historia difícil o emotiva. Mi opinión sincera es que los ángeles estaban ahí mismo, para apoyar. Sin embargo, una y otra vez he oído que la gente dice: «Yo creía y entonces pasó esto. Si los ángeles existieran, no dejarían que sucediera».

Entiendo completamente esa mentalidad. Por mi parte, no me gusta escuchar acerca de niños pequeños que son lastimados o animales maltratados o madres increíbles a las que les da una enfermedad que pone en riesgo su vida. Pero es importante recordar que cuando algo sale mal aquí en la Tierra, no son los ángeles quienes lo eligen, somos nosotros quienes lo elegimos. Cuando digo «nosotros», estoy hablando de los seres humanos, de nuestros hermanos y hermanas en este planeta. Aquí abajo en la Tierra sentimos «dolor», y sentimos la angustia de la pérdida, el miedo, la dificultad y la separación. Los ángeles no creen en la separación. Saben que siempre estamos con Dios, sin importar lo que nos esté sucediendo ni si estamos en el cuerpo físico o no. A nuestras mentes humanas eso les resulta difícil de digerir. Pero en el cielo la pérdida y el temor no existen. En el cielo todos somos uno y todos estamos juntos, libres de cualquier oscuridad.

Nunca olvidaré a una mujer que escribió a mi columna en el *Sun* escocés acerca de un problema que le estaba afectando. Margaret había sido una gran creyente en los ángeles toda su vida y siempre les había pedido ayuda. Les decía una oración por la mañana, en el almuerzo y antes de irse a la cama. A pesar de que había vivido por su cuenta durante muchos años, sentía que sus ángeles eran sus amigos y compañeros. Con frecuencia hablaba con ellos y les pedía apoyo.

Una noche de invierno, tenía que ir de compras. Se sentía vulnerable y les dijo a sus ángeles: «Por favor, manténganme a salvo». Entonces abordó su autobús habitual a la ciudad. Cuando había tomado lo que iba a comprar y llegó a la caja registradora, se dio cuenta de que su bolso había desaparecido. Sabía que antes lo tenía porque de ahí tomó su pase para el autobús para llegar a la ciudad. Alguien le había robado.

Margaret estaba molesta por el hecho de que sus ángeles no hubieran protegido sus pertenencias. «Si en verdad tengo un ángel guardián», escribió indignada, «¿por qué no me protegió? *¡Lo pedí, como dijiste!*»

Ella había pedido, pero lo que he encontrado es que cuando les pedimos algo a nuestros ángeles a partir de una situación de temor, no es tan eficaz. Margaret había dicho «Por favor, protéjanme» en lugar de «Gracias por mantenerme a salvo». Se había sentido poco segura y luego pidió ayuda.

De hecho creo que sus ángeles probablemente sí le ayudaron. En lugar de ser atacada, tomaron su bolso en silencio sin que siquiera se diera cuenta. Y todas las cosas que había en él podían ser reemplazadas. Entonces, le dije que cambiara la forma en que rezaba, pero que también viera la bendición de la situación: ella se había salvado. Quizá ya no tuviera su bolso, ¡pero tenía su bienestar!

Además de protegernos, los ángeles nos quieren enseñar el fundamento de todo nuestro ser: *el amor*. Así, a pesar de que pueden ayudarnos a nivel material, nos animan a ver las bendiciones de la vida, hasta en las situaciones difíciles.

Retorno a la luz

Con el condicionamiento de este mundo hemos perdido de vista quiénes somos. Los ángeles pueden verlo, pero a nosotros nos resulta difícil. Ellos quieren que regresemos a nuestro estado natural de ser, un estado en el cual podemos verlos, oírlos y sentirlos, porque alguna vez pudimos hacerlo. Cuando éramos bebés y niños podíamos ver tanto a los ángeles como a aquellos que están en el cielo. Basta con observar a los bebés si tienes alguno en tu vida. Se ríen y le sonríen al simple aire; ¿será al simple aire? Pueden ver algo. ¡Creo que es a los ángeles!

Todos podemos recuperar nuestra verdadera visión. Sólo tenemos que soltar primero, dejar de lado la vieja idea de que hay que ver para creer. La mayoría de las personas en este planeta ve algo y dice: «Creo que está ahí porque puedo ver que está ahí». Lo que en realidad están diciendo a nivel espiritual es que sólo creen una existencia material. Pero ya ves, querido amigo, que somos más que esto: somos espíritu. Nuestro cuerpo es el hogar de nuestra alma. Ésta es la verdadera esencia de quienes somos. Y cuando nuestro cuerpo físico esté listo para descansar y nosotros estemos listos para trasladarnos, nuestro cuerpo se quedará atrás y nuestro espíritu se elevará hasta el cielo.

El alma no tiene ojos, pero puede ver; no tiene oídos, pero puede escuchar; no tiene corazón, pero puede sentir. Cuando vivimos en un nivel más basado en el alma, podemos aprender a ver, escuchar y sentir de una manera que está más allá de nuestros sentidos humanos. Ésta es la forma en que experimentamos a los ángeles.

Ejercicio: Ver a través de los ojos de tu alma

Con el fin de despertar esta conciencia, en primer lugar hay que tener un poco de fe. Confiar en que hay algo más es muy importante para tu desenvolvimiento con los ángeles.

Entonces debes animar a tu imaginación a volverse activa de nuevo. La mayoría de la gente cree que cuando utilizas tu imaginación estás «inventando cosas», pero cuando imaginas como parte de tu desarrollo espiritual, te animas a ti mismo a ver con ojos nuevos.

Hoy es el día en que aprenderás a ver de manera distinta. ¡Anima a tu imaginación para ver a través de los ojos de tu alma!

- Mientras estás sentado en tu casa, trata de mirar más allá de lo que puedes ver. Los muebles, la televisión y los aparatos que te rodean están en un nivel material de existencia, pero todo lo que realmente existe es a nivel espiritual. Mira a tu familia, a tus amigos y hasta a tus mascotas e imagina cómo luce su alma. Conforme hagas esto, es posible que veas colores brillantes, dorados y otras formas de energía que se mueven como remolino por todo tu alrededor.

· Imagínate lo que sería ver a los ángeles de tu familia, tus amigos y tus mascotas y conectarte con el verdadero amor del cual todos estamos hechos.

· Anota tus impresiones en un diario, junto con todas las ideas y revelaciones que hayas tenido. Éste es un paso hacia ver con el alma.

RESUMEN

· Los ángeles quieren empoderarnos para cumplir con nuestro propósito en este planeta.

· Su función es protegernos, guiarnos y amarnos.

· Siempre nos escuchan sin juzgar.

· Nuestra verdadera esencia es nuestra alma.

· Podemos aprender a ver a través de los ojos de nuestra alma.

Capítulo 3

Cómo pueden ayudar los ángeles

El ángel del perdón te lleva de nuevo a la inocencia.
Ella te lleva consigo, si estás listo para irte.

ROBERT HOLDEN, DOCTOR EN FILOSOFÍA

Lo más bello de los ángeles es el hecho de que están absolutamente desesperados por ayudarnos. Cuando nos ven angustiados o de alguna manera perdidos, están a la espera de ser invitados a traer la solución.

Los ángeles nos pueden ayudar en todas las áreas de nuestra vida. No hay ningún aspecto de la vida al que no puedan hacer frente. Como ya hemos mencionado, su propósito principal es el de amarnos, y con el amor vienen muchos regalos distintos, incluyendo guiarnos fuera del temor rumbo a un lugar de comodidad y seguridad.

Su objetivo principal, sin embargo, es muy importante: el bien supremo. Cuando nos apoyan y ayudan en algo, lo hacen por nuestro bien más elevado.

Por ejemplo, la gente con frecuencia me dice: «Si puedes hablar con los ángeles, ¿puedes pedirles los números de la lotería?» Aunque el chiste es viejo, siempre sonrío. Si los ángeles me dieran los seis números que fueran a ganar el premio mayor de la lotería ese fin de semana, ¿qué bien haría eso? Claro, podría pagar mi préstamo del coche y mi hipoteca y cualquier otra cosa pendiente de pago, pero ¿qué aprendería de ello?

Los ángeles saben que estamos aquí para aprender, que estamos aquí para entender la vida y, finalmente, para regresar hacia el amor. Enfocarnos en el materialismo nos aleja más del amor y eso no nos ayuda en ningún sentido.

Esto no quiere decir que los ángeles no nos puedan ayudar con las finanzas o con mantener a nuestra familia; sí pueden. Por supuesto que no van a salir flotando de una nube con un fajo masivo de dinero en efectivo en la mano, pero nos guiarán hacia situaciones y espacios donde podamos crear abundancia para nosotros mismos, o harán que llegue hasta nosotros dinero que legítimamente nos pertenece.

Eso sí, los ángeles no sólo tienen que ver con el mundo material, tienen que ver más con el mundo interior. Están desesperados por que abramos la fuerza vital universal que tenemos dentro y descubramos quiénes somos en realidad. Como estudiante de *Un curso de milagros*, he aprendido que en última instancia somos amor. Es todo lo que somos, pero la mayoría de las veces no lo vemos. De hecho, no es algo que podemos ver, es algo que tenemos que saber y en lo que debemos confiar, justo como tenemos que saber y confiar en que los ángeles están ahí para nosotros.

Me senté a meditar y pregunté por algunos de los aspectos de la vida en que los ángeles nos pueden ayudar y por algunos de los regalos que están dispuestos a ofrecernos. Aquí están algunas de las cosas que entraron a mi mente a través de mi voz interior.

Abundancia

Una gran cantidad de apoyo se ofrece a nosotros desde el cielo. De hecho, saber que hay ángeles que sólo están esperando para apoyarnos es uno de los regalos más grandes que llegaremos a recibir. Toma algunos momentos para que esto penetre tu conciencia.

La abundancia en el sentido espiritual se relaciona también con las finanzas. Es nuestro derecho espiritual tener lo suficiente para crear una vida feliz y cómoda para nosotros mismos. La clave de este regalo es *permitir*. Se trata de saber que hay suficiente para todos, de saber que la «escasez» no es más que una ilusión.

Una vez dicho esto, por supuesto que veremos ciertos lugares del mundo y notaremos que ahí hay «carencia» y «desesperación», y créeme, sé que es difícil verlo y enfrentarlo. A diario veo en internet y en los medios de comunicación que personas mueren de hambre y por falta de atención médica. Es una pena, pero creo que podemos cambiarlo. El cambio empieza con nosotros. Imagínate si todos pensaran como los ángeles, si todos vinieran a partir de un espacio de amor, si todos creyeran, supieran, que hay suficiente para todos, entonces no habría hambre, inanición ni escasez en el mundo; habría una abundancia de compartir, de amor y custodia.

Una de mis mayores creencias es que cuando compartimos, recibimos. *Un curso de milagros* dice: «Dar es tan bendito como recibir», y realmente creo que es cierto. Cuando compartimos, ésta es nuestra forma de decir, tanto a nivel interno como para el universo: «Sé que hay suficiente para cubrir lo que hoy doy y comparto». Y el universo escucha lo que decimos. Los ángeles divinos de la abundancia hacen brillar su luz a nuestro alrededor y más apoyo material se nos brinda. Es la ley de causa y efecto. Así que convirtámonos todos en el cambio y compartamos hoy. Si damos desinteresadamente, sin retener nada, recibiremos.

Una oración para recibir

Gracias, ángeles de la abundancia, por bendecir mi vida con su presencia y apoyo.
Sé que hay suficiente en el universo para todos nosotros.
¡Opto por recibir lo que merezco y compartir mis dones con el mundo de cualquier manera que pueda!
¡Y así es!

Felicidad

La felicidad es nuestra función. Es la única cosa que la mayoría de nosotros realmente estamos buscando. Queremos estar en paz, queremos estar cómodos, queremos disfrutar de la vida.

He descubierto que los ángeles no sólo nos ofrecen el don de la felicidad, ¡sino que se sienten atraídos hacia nosotros cuando la expresamos! Les encanta vernos sonreír y reír. Les encanta la energía elevada y se sienten atraídos hacia ella como si fueran limaduras de hierro atraídas por un imán. Por otro lado, cuando estamos decaídos o deprimidos, una nube se interpone en el camino de nuestra conexión con los ángeles.

Por lo tanto, si te sientes solo y sin apoyo, ¡ve algo gracioso, acércate a amigos que te hagan sonreír, haz algo divertido! Cuando nos reímos y expresamos alegría, los ángeles se nos unirán.

Un curso de milagros afirma: «Sé feliz, porque tu única función aquí es la felicidad», y es verdad. Cuando perdemos de vista la felicidad, perdemos nuestra verdadera función: ser un portador de alegría.

Realmente creo que por eso me encanta tanto la música; al escucharla, siento como si me estuviera iluminando. Estoy extasiado y me convierto en un enorme transmisor de radio que irradia felicidad y alegría. Y los ángeles responden. He bailado con amigos en antros al son de la música de mis DJs favoritos y he visto ángeles por todo nuestro alrededor. Conforme agitamos brazos y piernas y nos movemos al son de nuestros sonidos favoritos con alegría en nuestros corazones, los ángeles nos rodean. Nos ven amar la vida y se unen a la fiesta.

Invita a tus ángeles a que vengan hoy y dales las gracias por estar presentes en tu tren del amor. Dales las gracias por traerte la alegría de la vida y ponerte en contacto con tu función divina y única: ser feliz y expresar felicidad. Cuando envías tu intención, será escuchada. ¡Prepárate para reír!

Una oración por la felicidad

Gracias, ángeles de la felicidad y la alegría, por iluminar mi vida con su presencia para que pueda expresar mi verdadera función: ¡ser feliz!
¡Hoy me tomo el tiempo para expresar mi alegría y reconocer que voy a atraer más y más!
¡Y así es!

Armonía

Los ángeles pueden ayudar a poner fin al conflicto y lograr la paz. Cuando una situación se vuelve acalorada y negativa, perdemos contacto con nuestra verdadera esencia. Entonces es como si se creara un caparazón de temor que bloquea a los ángeles y les impide entrar. Sin embargo, cuando son invitados a entrar, sus rayos de amor y sanación cubren la situación, rompen el caparazón y nos recuerdan a todos lo que en realidad somos: amor.

La mayor parte del tiempo, el conflicto surge a partir de nuestro temor y de nuestro egoísmo. Se crea cuando vemos de manera distinta a la de otra persona. Tratamos de transmitir nuestro punto de vista, pero con frecuencia no tenemos éxito. La comunicación se rompe, llega el enojo, hay reclamos y el amor se olvida.

En este estado, podemos llegar a hacernos muchas preguntas, sobre todo si sentimos que estamos chocando contra una pared de ladrillo, y son de todo tipo, desde «¿entienden mi punto de vista?» hasta «¿por qué no pueden ver cómo me siento?»

Mi pregunta favorita proviene de *Un curso de milagros*: «¿Prefieres tener la razón o estar feliz?» ¡Yo definitivamente conozco la respuesta a esa pregunta!

Los ángeles nos animan a dejar de pelear, a tranquilizarnos en el calor del momento y a retirarnos del conflicto. Claro, nos dicen que defendamos nuestras creencias, pero al calor de una discusión nunca nos haremos entender. Debemos hacerlo de otra manera.

Les podemos pedir a los ángeles que traigan armonía y paz a una situación, por supuesto, pero cuando hacemos eso, tenemos que confiar, tenemos que creer, tenemos que rendirnos. Cuando nos *rendimos*, damos un paso hacia atrás y permitimos que lo divino siga su curso. Permitimos que los ángeles realicen sus deberes y sus milagros.

Con lo único que los ángeles están comprometidos es con la justicia. No garantizan que vayamos a «ganar» una discusión, pero traerán armonía, paz y justicia a fin de que todos podamos seguir adelante con nuestras vidas.

Si sentimos que alguien necesita ser castigado por algo, o pagar una deuda kármica, entonces lamentablemente es que venimos de un espacio incorrecto. Cuando alguien hace algo dañino o algo que no nos gusta, viene de un espacio de temor, así que debemos bendecirle y rezar por que regrese hacia el amor. Si queremos que le pasen cosas negativas, entonces también nosotros estamos lejos de ser nuestro verdadero yo.

Una oración para la armonía

¡Gracias, queridos ángeles, por rodear mi casa, a mi familia, mis relaciones y mi carrera con su luz armoniosa para que yo pueda alcanzar mi máximo potencial!

Para una situación específica, puedes decir:

Gracias, ángeles, por rodearnos a mí, a esta situación y a todos los involucrados con el amor y la armonía para que podamos encontrar una solución pacífica.
Les cedo esto a ustedes, y sé que van a guiarnos por el camino.
¡Y así es!

Perdón

El perdón es la clave de todos nuestros desafíos. Es un puente hacia una conciencia más profunda de lo divino y finalmente hacia nosotros mismos. Cuando no perdonamos, permitimos que la toxicidad se acumule en el núcleo de nuestro ser y el resentimiento comienza a crecer. El resentimiento es una gran barrera, es como la Gran Muralla China, y no podemos ver lo que hay del otro lado. Este enorme muro se interpone entre nosotros y el amor.

Cuando nos resulta difícil perdonar, nos vemos a nosotros mismos como algo separado de Dios. Nunca estamos separados de Dios, pero el resentimiento puede hacernos pensar que sí.

Si te resulta difícil perdonar, los ángeles pueden ayudarte. Estos seres divinos te ayudarán a ver a través de sus ojos, y ellos nunca hacen ningún reclamo.

La mayoría de las personas evita el perdón porque siente que significa que está dejando que alguien se salga con la suya en cuanto a su mal comportamiento. Pero de acuerdo con los ángeles, el perdón es un acto de amor por uno mismo, pues cuando perdonamos a otra persona, o incluso a nosotros mismos, dejamos ir el resentimiento y los pensamientos tóxicos, y estos pensamientos y sentimientos pueden causar más problemas de los que podemos imaginar. Es hora de ver la verdad.

Cuando empecé a trabajar con ángeles era terco, y 11 años más tarde sigo siendo terco, pero he aprendido el valor del perdón. Al principio realmente no entendía lo que era el perdón, pero sabía que tenía que darse. Me ha permitido ver con claridad, me ha permitido experimentar la vida y le ha abierto las puertas a la paz.

Los ángeles ahora te están animando a dejar de lado tus pensamientos del tipo: «debería haber hecho», «hubiera hecho» o «podría haber hecho». Es hora de dejar que se vaya el temor y que entre el amor. Es hora de perdonar.

Aun si no sabes cómo perdonar, puedes pedirles a los ángeles que te enseñen cómo hacerlo. Todo lo que necesitas es la voluntad de perdonar y ellos estarán contigo a cada paso del camino. Sólo piénsalo: ¿preferirías tener la toxicidad de las dificultades o la libertad que trae el perdón? ¡Ahora es el momento!

Una oración para traer el perdón

Queridos ángeles del perdón,
les doy las gracias por acompañarme en mi viaje.
Estoy listo y dispuesto a liberar todo aquello que ya no me esté sirviendo.
Es tiempo de que reclame la paz que merezco en mi vida.
Estoy dispuesto a perdonar.
Sé que no siempre me ha sido fácil hacerlo en el pasado, pero ahora estoy listo para cambiar.

*¡Gracias por mostrarme el milagro del perdón y por iluminar
mi camino hacia él! ¡Me rindo!*
¡Y así es!

Ejercicio: Perdón

- Tómate un tiempo para pensar en los dones que los ángeles tienen para ofrecer. ¿Hay algún área en tu vida en que quisieras recibir su ayuda? Si es así, dales la bienvenida para que entren. Agradéceles a tu manera que hagan brillar la luz de su presencia sobre las personas, el lugar o la situación, y permíteles que ayuden.

- ¿Sientes que un área de tu vida está bloqueada?

- Hazte esta pregunta muy importante: *¿A quién necesito perdonar?*

- La primera persona que te venga a la mente es la persona a quien los ángeles te están animando a perdonar. Tómate un tiempo para enviarles amor. Puedes hacerlo imaginando que está rodeada por una luz rosa sanadora. Una vez que hayas hecho esto, puedes decirle en tu mente que la has puesto en libertad, que la has perdonado (y esa persona también puedes ser tú).

- A continuación, usa la oración de la página 49 para realizar el milagro del perdón.

RESUMEN

· La abundancia es nuestro derecho espiritual.

· La alegría y la felicidad son nuestra única función.

· La risa y las sonrisas actúan como un imán para la presencia angelical.

· Los ángeles traen justicia y armonía al conflicto.

· El perdón elimina los bloqueos que haya en el camino rumbo a la paz y a tu propósito.

Capítulo 4

Coros de ángeles

Los ángeles son pensamientos puros, alados, con verdad y amor.
MARY BAKER EDDY, FUNDADORA DE LA CIENCIA CRISTIANA

Hay miles de millones de ángeles, tantos que ni siquiera podría contarlos. Hay más ángeles que las personas y los animales que existen, todos juntos; esto me consta, ya que todos tenemos un ángel guardián. Nuestro ángel guardián es nuestro regalo divino de Dios y está con nosotros en este momento, ¡es tan emocionante!

Hay muchos tipos diferentes de ángel, tal y como existen diferentes razas de personas, pero a fin de cuentas todos son uno. Todos ellos son amor, todos ellos son paz y todos ellos trabajan para la fuente de nuestra creación.

La jerarquía angelical

Hay distintas ideas respecto a la jerarquía de los ángeles, y muchas personas han tratado de entenderla y explicarla; por supuesto, soy una de ellas, pero nunca podemos estar totalmente seguros de los detalles. Sólo hay cierta medida que la mente humana puede comprender, sobre todo en lo que se refiere a Dios. No obstante, podemos desarrollar nuestras conexiones personales con los ángeles con la esperanza de acercarnos más a ellos y obtener una verdadera comprensión de sus cualidades y su poder.

La jerarquía con la que siempre me he conectado viene de los textos católicos. Sin embargo, no la sigo palabra por palabra. De hecho, cuando estaba escribiendo mi libro *Oraciones a los ángeles*, medité sobre cada tipo de ángel para asegurarme de estar compartiendo la mejor información que obtuviera.

Cuando se trata de entender mejor a los ángeles, a veces es bueno sólo conocer su rango y cómo se dice que trabajan. Así que aquí está la jerarquía:

Esferas

La jerarquía de los ángeles se divide en tres niveles conocidos como esferas. Cada esfera contiene tres diferentes tipos de ángel. A los ángeles de un mismo tipo en particular se les conoce como coro. Así que, para facilitar las cosas, hay nueve coros de ángeles organizados en tres esferas.

Cada coro de ángeles tiene un propósito general, aunque hay ángeles en cada coro que tienen dones especiales que ofrecer. Eso sí, todos los ángeles tienen un enfoque real: el amor y la paz para todo el universo.

Probablemente sólo trabajemos con dos o tres tipos de ángel durante nuestra existencia en la Tierra. La razón de ello es que algunas de sus funciones van más allá de lo que podamos involucrarnos mientras estamos aquí. Sin embargo siento que es bueno saber quiénes están ahí arriba trabajando a favor del amor.

La forma en que me gusta explicar las esferas de ángeles es que todas están ubicadas alrededor del corazón de Dios. En el centro de las esferas está la energía de Dios, y esa energía envía pensamientos. Estos pensamientos crean a los ángeles. Los ángeles a su vez ven a Dios y lo alaban y alaban toda su creación. Son una creación del amor de Dios, así que a dondequiera que vayan, irradian esta energía.

La primera esfera

Serafines

Los serafines son el coro de ángeles más elevado. Serafines significa *aquellos que arden*, y estos ángeles son llamas hermosas del amor universal. Muchos textos dicen que poseen seis alas. Si los ángeles tuvieran un gobierno, estaría formado por serafines. Conocidos por su hermoso canto, cantan para alabar a Dios, y con ello traen cambios energéticos y olas de sanación hacia todo el universo.

Querubines

Éste es el coro de ángeles que creó la idea de los querubines. Estos ángeles divinos conocen tanto acerca del universo que, de hecho, su nombre significa *plenitud de conocimiento*. Son quienes llevan los registros para Dios. Están estrechamente relacionados con los Registros Akáshicos, una crónica de cada evento que ha ocurrido en toda la creación.

Tronos

Estos ángeles han sido vistos como ruedas de luz. La palabra «Trono» se relaciona con el asiento donde Dios se sienta. Aunque Dios va mucho más allá de un hombre que realmente se sienta en un asiento, estos ángeles están cerca de la fuente de toda la creación. Controlan los cambios de conciencia en el universo. Sinceramente creo que están trabajando en estrecha colaboración con el planeta Tierra justo ahora, conforme avanzamos hacia una mayor conciencia del espíritu y el amor.

La segunda esfera

Dominios

Los dominios regulan el papel de todos los ángeles que hay aparte de los de la primera esfera. Su nombre significa *señoríos*, y tienen un verdadero sentido de la autoridad. Estos son los seres angelicales que supervisan los asuntos internacionales. Son maravillosos si les pides ayuda en cuanto a situaciones internacionales, incluyendo conflictos y desastres.

Virtudes

Las virtudes son los ángeles que cuidan el flujo de la naturaleza. Se aseguran de que el mundo esté equilibrado según las leyes naturales y de traer bendiciones a cada país. El nombre significa *fortalezas*, y realmente creo que estos ángeles tejen el flujo natural de la fuerza vital.

Potestades

Las potestades son la raza de ángeles que nos anima a recordar que hay un mejor camino. Todo su propósito es intentar poner fin al conflicto, la destrucción y la guerra. Están compuestos por compasión pura y envían olas de su luz al mundo, especialmente a aquellos que están tratando de presionar el botón para destruir nuestro hermoso planeta y a sus hermosos habitantes. Pueden protegernos cuando los invocamos, sobre todo si les pedimos que nos apoyen a nivel nacional.

La tercera esfera

Principados

Estos son los ángeles que protegen la espiritualidad, incluyendo los textos espirituales. Su nombre significa *gobernantes*, y tienen una fuerte conexión con los líderes y activistas mundiales que quieren hacer de este mundo un lugar mejor. Estos ángeles ayudan a revelar las verdades espirituales en la ciencia para que podamos entender la divinidad de nuestra creación aún más.

Arcángeles

Los arcángeles son los *ángeles jefes*. Son los «administradores» a cargo de todos los ángeles guardianes que cuidan la

Tierra, sus habitantes y su viaje de crecimiento espiritual. Los arcángeles son un magnífico grupo de ángeles y están listos y dispuestos a trabajar con nosotros en cualquier momento. Me gusta verlos como ángeles fenomenales tipo celebridad. En el cielo todo el mundo sabe quiénes son y conoce sus dones y talentos increíbles. Hay miles de arcángeles, pero algunos nos resultan más conocidos que otros. En el Capítulo 7 te presento a los cuatro principales arcángeles y sugiero formas para que puedas conectarte con ellos.

Ángeles

El coro final de ángeles es el más emocionante. Incluye a nuestros propios ángeles guardianes tan queridos, los ángeles de sanación y los ángeles del planeta Tierra. Es el coro al cual tenemos acceso directo cuando nos sintonizamos con los ángeles. De ellos trata este libro. Cuando enviamos nuestros pensamientos al cielo, el ángel que nos puede ayudar mejor deja este coro y llega directamente hasta nosotros. Si ellos sienten que necesitarán el apoyo de un ángel más elevado, van con él y hacen juntos el trabajo. Es un hermoso pensamiento.

Cuando le hablo al cielo, siempre digo *ángeles* en el sentido general, porque sé que hay tantos por ahí, y que el ángel que me puede ayudar mejor vendrá a mí. Sin embargo, puedes dirigirte a un ángel en particular si lo conoces por su nombre o simplemente puedes concentrarte en ese ángel y te oirá. Lo que sea que te funcione será lo adecuado para ti.

Ejercicio: Invocar a los ángeles

Ahora que hemos aprendido acerca de todos los ángeles increíbles que hay en el universo, es justo que reconozcamos su presencia. Aquí hay una oración que he escrito para invocar a estos seres increíbles. Te invito a tomarte un tiempo para pensar respecto a la vida, y luego encender una vela y meditar sobre la paz del mundo durante un rato antes de invocar a los ángeles con las siguientes palabras:

Poderosos Serafines,
Cantantes del amor de Dios,
Benditos Querubines,
Guardianes del conocimiento desde lo alto,
Tronos de la luz,
Los invoco ahora.
Permito su apoyo y armonía.

Dominios, Virtudes y Potestades,
Traigan la paz mundial.
Principados y Arcángeles,
Guíenme conforme libero.

Gracias, queridos ángeles, por bendecirme.
Protéjanme en el aire, en la tierra y en el mar.
Yo soy uno con todo lo que es.
Bendiciones universales,
Me comprometo con esto.

Y así es,
Así sea,
La gracia de Dios me ha bendecido,
Y soy libre.

RESUMEN

- Los ángeles son ondas del pensamiento de Dios.

- Hay nueve coros de ángeles, organizados en tres esferas.

- Cada coro de ángeles tiene un propósito general.

- Todos los ángeles tienen un foco verdadero: el amor y la paz para el universo entero.

- Probablemente sólo trabajemos con dos o tres tipos de ángeles durante nuestra existencia en la Tierra.

- Cuando invoquemos a los ángeles en general, el que más pueda ayudarnos vendrá a nosotros.

Capítulo 5

Ángeles guardianes

Estás en los brazos del ángel; que encuentres ahí un poco de consuelo.
SARAH MCLACHLAN, MÚSICA Y CANTANTE

Tu ángel guardián es el mejor regalo que jamás te hayan dado. Siempre te cuidará. Está parado junto a ti ahora mismo, derramando su amor en ti. Cuando aprendas más acerca de él, te darás cuenta de que te ha amado incondicionalmente desde el momento de tu creación.

En libros anteriores y cuando he hablado sobre los ángeles, para facilitar las cosas he dicho que nos dan nuestro ángel guardián cuando nacemos. Pero la auténtica verdad del asunto es que nos conectamos con nuestro ángel antes de llegar a la Tierra. Nuestra alma conoce a nuestro ángel guardián. Me gusta pensar en el alma y el ángel como si fueran mejores amigos. Están en constante comunicación el uno con el otro, no les gusta perderse de vista y están conectados a través del amor. Por lo tanto, aun si no te has conectado con tu ángel guardián hasta ahora en esta vida, ya lo conoces.

Cuando te conectas con tu ángel guardián, es como volver a casa. Te recuerda las cosas que has olvidado y el propósito de tu vida. Es tu protector y tu guía.

Hablar con tu ángel guardián

Puedes hablar con tu ángel guardián y él puede hablar contigo. Va a hacer esto por medio de tu intuición y tus sentidos espirituales. Su energía es sutil, por lo que su comunicación no será descarada, pero si estás alerta y preparado para que suceda, comenzarás a sentir su frecuencia.

Más allá de las palabras

Nuestro ángel guardián nos habla de una manera que va más allá de las palabras. Sí, puede enviarnos fragmentos de voz, pero su comunicación generalmente es a través de ondas energéticas. Así que en lugar de escucharlos decir algo, puede ser que sólo tengamos una sensación de saber algo sin explicación.

Por ejemplo, ¿alguna vez te has despertado con la sensación de que se suponía que no deberías manejar de regreso a casa por cierta ruta, y después escuchaste que hubo tráfico o incluso un enorme accidente en ese camino? Tu ángel probablemente te envió un mensaje, porque su trabajo es protegerte.

Encontrar plumas

Tu ángel de la guarda a menudo te envía una señal de su presencia. Una de las mejores maneras de hacerlo es mandarte una pequeña pluma. Encontrar una pluma en tu camino tiene algo realmente positivo, es un diminuto recordatorio de que eres amado y estás protegido. Por supuesto, es natural encontrar plumas donde hay aves o almohadas de plumas, etcétera, pero cuando te encuentras una pluma en un lugar donde no hay una explicación lógica para ello, entonces sabes que es por obra de un ángel.

Mi madre con frecuencia recibe plumas por parte de su ángel guardián. Sólo aparecen de la nada. Es bastante asombroso. Una vez, iba hacia su trabajo y tenía que hacer algunos mandados en el camino. Se llevó el coche para ahorrar tiempo, pero después de su último mandado se preocupó por llegar tarde al trabajo, y quien conozca a mi mamá, sabe que le gusta llegar a tiempo. Cuando regresó al auto y se sentó para disponerse a arrancar, una pluma cayó desde el techo del coche y aterrizó en el asiento del pasajero junto a ella. Supo entonces que todo estaba bien y que llegaría a tiempo ese día.

¡He tenido muchas experiencias con plumas! Recuerdo que, cuando acababa de firmar mi primer contrato para escribir un libro y me iba a reunir con mis amigos en el bar para decirles la buena noticia, llamé un taxi y decidí salir a la calle a esperarlo, ya que era una noche de verano hermosa. Mientras estaba ahí parado, esperando a que llegara, una pluma cayó del cielo, extendí mi mano y aterrizó directamente en ella. Fue como algo salido de una película. Cada vello de mi cuerpo se erizó.

¿Desesperado por una señal?

Siempre es encantador recibir una señal, pero siempre les digo a las personas que estar desesperadas por una señal no va a ayudarles. Creo que las señales son llevadas hasta nosotros cuando ya tenemos fe en los ángeles. Si dependemos de señales para comprobar la existencia del amor, realmente no venimos desde el mismo lugar.

Por supuesto que los ángeles a menudo nos envían señales cuando estamos decaídos o necesitamos un recordatorio de que hay ayuda disponible. Pero no quieren que dependamos de las señales porque es enfocarnos en lo externo y lo físico. El verdadero amor es un viaje interno, por eso es que debemos tener fe en los ángeles, porque la fe va más allá de lo que podemos ver. Si entendemos esto, creamos un sentido de unidad con el cielo.

Puedes usar la siguiente oración para pedirles a los ángeles que te envíen una señal de su presencia, pero debes saber que sólo va a ser enviada cuando realmente confíes en que ellos están ahí.

Una oración por una señal

Gracias, ángeles, por enviarme una señal de su amorosa presencia en mi vida.
¡Es tan bueno saber que están conmigo a cada paso del camino!

Tiempo divino

Los ángeles nos enseñan que todo sucede de acuerdo con un tiempo divino. Es decir, todo sucede en un momento específico por una razón específica. En consecuencia, nos enseñan a ser pacientes y confiar.

Recuerda que los ángeles pueden ayudarnos en el mundo material, pero no fomentan el materialismo. Por ejemplo, si quieres que te ayuden a conseguir el auto o el trabajo de tus sueños, es probable que puedan, pero esperan que primero veas las bendiciones que ya tienes en tu vida. Si estás siendo jalado hacia un remolino materialista de querer cosas, existe una buena probabilidad de que te hagan esperar o de que no te ayuden a avanzar porque necesitas encontrar las bendiciones en tu espacio actual.

El tiempo divino también funciona en otros sentidos. Puede que no sea obvio. Todos hemos conocido personas que fallecieron cuando eran demasiado jóvenes y puede ser difícil creer que haya sido por alguna buena razón. Pero los ángeles saben a dónde vamos cuando «morimos», y es un lugar lleno de amor. Si recordamos esto, puede reducir el dolor que sintamos.

Por otro lado, los ángeles pueden salvar la vida de una persona si no es tiempo de que se vaya. Supongo que has escuchado historias de rescate angelical, de una presencia invisible que jala a una persona de regreso a la banqueta justo a tiempo para salvarla de ser atropellada por un vehículo, o de una voz que le dice a alguien que está a punto de suicidarse que se detenga. Quizás hasta hayas experimentado algo como esto en tu propia vida.

Eso sí, ya hemos aprendido que los ángeles no pueden ayudarnos a menos que se los pidamos, entonces ¿cómo es que eso pasa? He aprendido que hay una pequeña subcláusula dentro de esa regla. Los ángeles pueden intervenir y ayudarnos si hemos llegado a un estado de desesperación y estamos a punto de tomar una decisión que finalmente evitará que cumplamos nuestro propósito. Mira, nuestra mente del ego puede tomar el control y empujarnos hacia un agujero oscuro de la existencia. Ahí podemos perder todo sentido del amor y no ver la luz que está esperando para guiarnos. Sin embargo, al mismo tiempo, nuestra alma puede estar enviando una enorme señal de auxilio al cielo. Si es parte del plan divino, entonces los ángeles pueden venir y llevarnos a un lugar seguro.

No hay noche oscura del alma; siempre hay luz. Sí hay una noche oscura del *ego*, pero los ángeles finalmente pueden anular la voz del ego, en especial si el universo ha pedido que eso suceda.

Es lo mismo con las experiencias cercanas a la muerte: los ángeles pueden intervenir si no es momento de que te vayas. Si, por ejemplo, antes de esta vida decidiste convertirte en un sanador maravilloso para nuestro planeta o un verdadero líder dedicado a la paz, y en cierto momento estuvieras a punto de morir, ellos te ayudarían a evitarlo para que pudieras cumplir tu propósito. En la mayoría de los casos, la propia experiencia te animaría a hacerlo.

Los animales y los ángeles

Si todos tenemos un ángel de guardián, ¿los animales también los tienen? Muchas personas se cuestionan esto y he encontrado que el reino animal sí tiene ángeles que velan por él.

Los ángeles de los animales son seres a los cuales me gusta llamar *elementales*. Son ligeramente distintos a los ángeles guardianes, mejor adaptados a la naturaleza y a los elementos. Están dedicados a la Tierra y a sus habitantes.

Sin embargo, podemos pedirles a los ángeles que den apoyo al mundo animal. Si sabemos de un animal que esté pasando por algún tipo de trauma o que necesite sanación, podemos hablar con nuestros propios ángeles guardianes y pedirles que le ayuden.

He decidido ser vegetariano en esta vida porque me he dado cuenta de que los animales también tienen alma. Cuando veo que el perro de alguien le responde o cuando llamo a mi gato siamés, Ralph, y él irrumpe en la habitación con maullidos y ronroneos, no se puede negar que estos seres tienen alma.

Al igual que nosotros, cuando «mueren», las almas de los animales se van al cielo. Son liberados de la Tierra para reunirse con la energía del amor a la cual me gusta llamar Dios o el universo. Todas las almas son eternas y todas las almas están conectadas a esta fuente. Los ángeles son una creación de esta fuente, así que, naturalmente, pueden proteger no sólo a las almas humanas, sino también a otros tipos de alma.

Ejercicio: *Querido ángel guardián...*

Una maravillosa manera de conectarte con tu ángel guardián es escribirle una carta. Ha estado contigo a través de todos los altibajos y siempre es maravilloso aprovechar la oportunidad para brindarle un reconocimiento.

· Quizá no haya sido fácil llegar hasta el punto donde estás ahora y tal vez tu ángel guardián te haya ayudado a atravesar muchos desafíos. Piensa en los momentos de dolor, enfermedad, dificultad emocional, sentimientos de estar solo... no estabas solo; tu ángel estaba ahí. Tómate un tiempo para escribirle una carta para decirle lo agradecido que estás por haber llegado hasta este punto en tu viaje y haberte dado cuenta de que ahora está contigo. Dale las gracias por cualquier evento sincrónico o señal que hayas recibido que pudiera deberse a él, y dale las gracias por estar donde hoy te encuentras. Si hay alguna otra cosa que te parezca importante compartir con tu ángel, ahora es el momento. Piensa en él como si fuera un consejero increíble y entiende que va a leer tu carta sin juzgar. ¿Qué tan milagroso es eso?

· Cuando hayas completado tu carta, ponla en un sobre y séllalo. Puedes guardarlo dentro de la parte de atrás de tu diario o en un lugar especial. A muchas personas les gusta quemar su carta como símbolo de transformación. Haz lo que sientas que es adecuado para ti.

RESUMEN

· Nuestro ángel guardián siempre nos cuida.

· Los ángeles nos enseñan que todo sucede de acuerdo con los tiempos divinos.

ÁNGELES

- Los ángeles nos pueden salvar si no es momento de que nos vayamos.

- Los ángeles pueden hablar con nosotros en formas que van más allá de las palabras.

- Las plumas son señales de la presencia de los ángeles.

- Los animales también están protegidos, por los elementales, y nosotros podemos pedirles a nuestros ángeles que ayuden a los animales.

Parte II

TRABAJAR CON ÁNGELES

*Nuestros ángeles guardianes son nuestros amigos más fieles, porque
están con nosotros de día y de noche, siempre y en todas partes.*

SAN JUAN VIANNEY

Capítulo 6

Conocer a tu ángel guardián

Dios nos hizo ángeles de energía, recubiertos por sólidos, corrientes de vida que recorren con su fulgor una bombilla material de carne.

PARAMAHANSA YOGANANDA, YOGUI Y GURÚ

Ha llegado ahora el punto en que sabes lo suficiente acerca de los ángeles como para conocer a tu propio ángel guardián. En mi opinión, ésta es la parte más emocionante del desarrollo espiritual. Junto con tu ángel guardián, puedes abrir puertas y beneficiarte de las oportunidades para tener una vida más abundante, amorosa y llena de apoyo.

El aspecto de tu ángel

Los ángeles son seres puros sin forma física. Finalmente son la energía del universo, los pensamientos divinos del Creador. Así que tu ángel guardián se presentará ante ti de una manera que vas a entender.

He visto a los ángeles en muchas formas. A veces estoy haciendo una lectura para alguien y veo una mujer alta y hermosa, con un vestido suelto y brillantes rizos dorados que le llegan hasta la cintura. Quizá te imagines el típico ángel de Hollywood. Bueno, eso es absolutamente correcto. Los ángeles retoman la idea que tengas en la mente y la encarnan, para que puedas entenderlos.

Mi ángel guardián, como ya lo sabes, es el doble de Barack Obama. No estoy del todo seguro de por qué, pero es la forma que eligió para mostrarse a sí mismo. Lleva una armadura, como un guerrero. Es fuerte y valiente. Lo que más me sorprende de él son sus ojos, son remolinos de morado junto con llamas anaranjadas centelleantes. Lo he visto con alas y sin ellas. No sonríe con su boca, sonríe a partir de su corazón. Cada vez que lo veo me siento seguro y amado y sé que no estoy solo.

Con regularidad doy talleres de ángeles en todas partes. Recientemente, al dar uno en Escocia, empecé ese día con una meditación para conocer a nuestro ángel guardián. Les dije a todos que no se apresuraran con este proceso, que si no pasaba nada estaba bien, pero que si obtenían algo, mejor. Siempre animo a la gente a tener una mente abierta, pero sin la expectativa de que algo va a surgir de golpe.

Dirigí al grupo, que estaba sentado en un círculo, para que entrara en un estado profundamente relajado. En este estado, nos visualizamos a nosotros mismos bajo una luz dorada de protección y seguridad antes de ir hacia una cueva imaginaria en una playa. Dentro de la hermosa cueva llena de amatistas, animé al grupo a imaginarse una banca para sentarse. «En esa banca, esperándolos, está su ángel guardián», les dije antes de agregar: «pasen algún tiempo con ellos y mentalmente tomen nota de su aspecto, su estatura, cómo se sienten y si les revelan su nombre».

Después del ejercicio, el grupo compartió sus experiencias. Las de una chica realmente me sorprendieron. En su meditación ella llegó a la banca y encontró un triángulo geométrico azul que flotaba en el aire. Se iluminó y despedía una sensación del máximo amor y la máxima aceptación. Cuando le preguntó en su cabeza «¿Eres mi ángel?», le contestó: «¡Sí!» Entonces la envolvió en una increíble luz azul brillante de protección y sanación.

Hablamos después de la meditación y resultó que ella traía puesto un dije azul en forma de triángulo geométrico y ésta era una imagen familiar para ella; le encantaban los triángulos. Para ella, un triángulo azul daba una sensación segura, cómoda y equilibrada.

Mira, los ángeles quieren que te sientas cómodo ante su energía y se presentan como lo que sea que te haga sentirte seguro. ¡Se adaptan a ti!

El nombre de tu ángel guardián

Es bonito saber el nombre de tu ángel guardián, pero no es importante. Por lo general no nos centramos mucho en los nombres porque en el nivel material de la existencia todo lleva una etiqueta. Pero los ángeles son energía, energía pura, y trabajan con vibración, por lo que la intención es lo que funciona con ellos. Así que incluso si conoces el nombre de tu ángel guardián, eso no mejora tu relación con él. Si quieres saber cómo obtener el nombre de tu ángel, consulta la página 74, pero, de nuevo, no te preocupes si no puedes conseguirlo.

El nombre de mi ángel me llegó muy claramente la primera vez que hice una meditación para conocerlo. Oí una voz y escuché su nombre, pero eso fue todo lo que obtuve. Ninguna otra cosa me llegó durante años. Un día desperté y simplemente todo me quedó claro, pero durante años pregunté y pregunté y pregunté en vano.

Desarrollar una relación con tu ángel guardián no sucede de la noche a la mañana, pero no te desanimes; es una experiencia para saborearse.

La voz de tu ángel

Puedes aprender a tener acceso a la voz de tu ángel. Durante muchos años escuché que mi ángel me hablaba con el sonido de mi propia voz. En el pasado también escuchaba una voz muy refinada, casi como de la clase alta inglesa, que siempre era muy directa e iba al grano.

También en este sentido tu ángel se adaptará a ti, y principalmente te hablará de una forma que conozcas. Para la mayoría de la gente esto es a través de *la voz interna*. La voz interna es una voz que conoces muy bien. La utilizas al hablar para tus adentros, al pensar en tu lista de compras, tus planes para el día, lo siguiente que tienes que hacer... es la voz que utilizas para decir oraciones y hablar con tus ángeles.

Aquí la dificultad es que la voz interna puede sonar muy similar al ego. El ego incluso llega a usar la voz interna en tu contra. Suena muy similar y te va a decir cosas difíciles. Entonces, por ejemplo, ves al espejo y te sientes muy bien respecto a ti mismo y de repente una voz que suena como la tuya te dice «te ves gordo» o «¿has visto lo rugosa que tienes la piel hoy?» o algo que sea igual de atrevido y que esté bastante fuera de lugar.

Nuestra tarea consiste en acallar esta voz para que podamos tener acceso a nuestra orientación. Esto requiere práctica y, lo más importante, paciencia, pero si somos lo suficientemente disciplinados, lo lograremos. Y una vez que hayamos aprendido a diferenciar entre la voz de la orientación divina (Dios y los ángeles) y la voz de nuestro ego (el sistema de dudas internas) experimentaremos crecimiento real.

Dicho esto, muchas personas tienen el don natural de escuchar la voz de su ángel con claridad. En la mayoría de los casos es porque es muy distinta a su propia voz interna. Si eres una de estas personas, felicidades por este magnífico don que has recibido. Si no lo eres, no te preocupes, ¡ya llegará! ¡Cree!

Para ayudarte a entender la diferencia entre las dos voces, he aquí algunos puntos.

La voz de tu ángel será:

- amorosa
- orientadora
- tranquilizante
- fuerte
- directa
- alentadora
- segura

La voz de tu ego sonará:

· distraída
· incierta
· negativa
· vengativa
· crítica
· desalentadora
· necesitada

Experiencia emocional

Conectarse con los ángeles puede ser no sólo emocionante, sino también muy emotivo. Nunca olvidaré la vez que llevé a cabo una meditación de ángeles para un público de más de mil personas en Austria. Yo estaba súper emocionado de estar ahí, ya que durante mi viaje anterior a ese país mi vuelo había sido cancelado y tuve que dar mi plática por internet.

Recuerdo que ese día hablé con el organizador del evento y quedamos en que no iba a usar mi presentación de PowerPoint sobre los ángeles, sino solamente hablar desde el corazón. Yo tenía un objetivo ese día y era ayudar al menos a una persona a conocer a su ángel. Si puedo lograr eso en cada evento, o sólo hacer que alguien se sienta seguro, realmente creo que he hecho mi trabajo.

Yo estaba tan cómodo en el auditorio ese día, que me senté al borde del escenario con los pies colgando hacia un lado. Después de hablar de mi vida y de mi trabajo, invité al público a unirse a mí para decir una oración y meditar. Conforme iba realizando la meditación, cerré los ojos y pude sentir que el centro de mi pecho pulsaba. El amor en el lugar era abrumador. Podía sentir que mi adrenalina se acumulaba, mis ojos comenzaban a llenarse y el amor incondicional envolvía todo mi cuerpo.

Abrí los ojos para asegurarme de que el público estuviera bien, y cuando miré hacia arriba pude ver ángeles en todas partes, flotando por encima de todos los asistentes. Algunos vertían su luz hacia la parte superior de la cabeza de la gente, mientras que otros abrazaban a las personas o posaban sus manos sobre sus hombros.

Recuerdo haber dicho: «Sus ángeles están con ustedes justo ahora. Por todo su alrededor. Adelante, atrás y a cada lado hay ángeles presentes. Esto es un regalo. ¡Siéntanlo y acéptenlo hoy!»

Al mismo tiempo, un traductor estaba transmitiendo mis palabras para las personas que no sabían inglés.

De repente, la gente simplemente empezó a llorar. A cientos de personas se les salieron las lágrimas. El amor en el auditorio era magnífico. Todos sentimos lo mismo. Recuerdo que pensé: *Vaya, esto es un verdadero regalo*, mientras miraba un mar de hombres y mujeres de edad adulta que lloraban y sentían el amor de los ángeles por todo su alrededor.

Realmente creo que, cuando en verdad sentimos el amor de los ángeles, lloramos, compartimos la emoción y dejamos que todo salga. El amor de los ángeles es incondicional en formas que las palabras no pueden expresar. Es una energía divina con amor y aceptación sin límite; es verdaderamente milagrosa.

Hablar con tu ángel

No necesitas tener ninguna conversación formal con tu ángel. Está bien si sólo charlas con él en tu cabeza, o aun en voz
alta si te sientes cómodo al hacerlo. Con frecuencia me pongo a platicarles a mis ángeles, me encanta hacerlo. Sólo les
digo lo que traigo en la mente (a pesar de que posiblemente
puedan verlo) y confío en que alguien está escuchando. A
menudo escucho una respuesta, no siempre, pero hay algo
que resulta muy reconfortante en ello. Los ángeles no necesitan formalidad; disfrutan el hecho de que te sientas cómodo al hablarles como a los verdaderos amigos que son,
como aquellos que no te juzgan.

Suelo hablarles y rezarles a mis ángeles mientras voy
de un lado a otro. Incluso llego a hacerlo en voz alta. Me
pescó una mujer una vez en un supermercado, sonrió hacia donde yo estaba y sinceramente no me importa que la
gente lo sepa. Eso sí, hace poco me agarraron desprevenido
caminando por la estación central de tren de Glasgow. Camino todos los días por la estación, ya que es un atajo que va
desde donde estaciono mi coche hasta la manzana donde
está mi oficina, además de que generalmente compro mi almuerzo en la tienda Marks and Spencer cuando transito por
ahí. Justo estaba atravesando la estación y a punto de subir a
la escalera eléctrica mientras decía «oh, es tan bueno saber
que están aquí conmigo, ángeles. Gracias por hacer que hoy
fuera tan positivo y emocionante», cuando me topé con mi
amiga Caragh. Sonrió y dijo: «Realmente hablas con ellos,
¡¿no?!» No había manera de negarlo, ¡sí lo hago!

Hablar con los ángeles en vez de hablar con Dios

Muchas personas que provienen de un trasfondo religioso me dicen cosas como «¿Acaso no está mal hablarle a los ángeles en vez de ir directamente con Dios?» Escuchar esto, me dice que esa persona tiene miedo de ofender a Dios, pues los ángeles son los pensamientos de Dios, son su creación y fueron creados para guiarnos. ¿Cuál sería la razón de su existencia si no nos comunicáramos con ellos?

Dios no se siente mal por ello, porque Dios es la fuente del amor que extendió la energía para crear a los ángeles y, por supuesto, a nosotros. Cuando hablamos con los ángeles, le damos reconocimiento a Dios por hablar con el rector de la energía que nos fue proporcionada. Por eso es maravilloso hablar con los ángeles.

Rezarle a tu ángel guardián

Puedes hablar con tu ángel guardián a través de la oración. Esto es algo que me encanta hacer. Tengo varias oraciones que repito a diario o para solicitudes específicas. Me gusta hacer el ritual de manera constante, ya que realmente establece la intención. Diario al despertar les rezo una oración a Dios y a los ángeles, y antes de caer en la cama por la noche, también cierro el día con una oración.

De hecho me tomó algunos años dominar mis oraciones. Aprendí a orar al ir a clases de religión y en la Brigada de Niños, y me encantó el tiempo que pasé en ambas porque me enseñaron que podías pedir ayuda y, si tenías fe, tus oraciones serían contestadas. Así que desde muy temprano le envíe peticiones a Dios y esperaba que el futuro me entregara mi respuesta. Al paso de los años algunas oraciones fueron contestadas y otras no (o así lo creí).

Desde entonces he incursionado en muchos enfoques y un gran avance se produjo cuando me enteré de algo realmente importante: la ayuda ya está aquí. Sí, la ayuda ya está presente. Dios y sus ángeles están esperando para ayudarnos y están a la espera de que nos presentemos. Es nuestro trabajo aceptar la ayuda que ya está ahí para nosotros.

Por lo tanto, en lugar de decir: «Por favor, ángeles, por favor, Dios» en mis oraciones, decidí decir: «Gracias, Dios y ángeles» como una manera de reconocer la ayuda que realmente creía que ya estaba presente. Hablé como si mi oración ya hubiera sido respondida y confié en que estaba siendo atendida por lo divino. Desde entonces nunca me han dejado de sorprender las respuestas a mis oraciones.

Hay una selección de afirmaciones y oraciones al final de este libro (ver página 167). Por ahora, ¿por qué no pruebas conectarte con tu ángel guardián a través de una meditación? Es la clave para crear un lazo maravilloso con tu ángel.

Ejercicio: Meditación del ángel guardián

Cuando inicialmente aprendí a meditar, con frecuencia grababa mi propia voz mientras me guiaba a mí mismo a través de los pasos de la meditación que ahora te sugiero, para realmente poder relajarme sin tener que abrir los ojos y mirar el próximo paso. La mayoría de los teléfonos móviles cuentan con lo necesario para hacer eso, pero si te resulta difícil, ¿por qué no trabajas con un compañero que te pueda guiar a través de los pasos y luego tú lo haces para él?

La clave para una buena meditación es ser capaz de relajarse, eso significa que debes respirar bien y profundamente a través de las fosas nasales mientras estás sentado en posición vertical, ya sea en una posición con las piernas cruzadas en el suelo o con la espalda recta en una silla con ambos pies en el suelo. ¿Estás ahora en esa posición?

- Cierra los ojos.

- Inhala y exhala suavemente a través de las fosas nasales y concéntrate en tu respiración. No te fuerces a respirar profundamente, pero date permiso de respirar de una manera que te parezca adecuada.

- Visualiza una luz dorada que caiga delicadamente sobre tu coronilla y se mueva hasta cubrir todo tu cuerpo, hasta la punta de tus dedos de las manos y los pies.

- Di: «Gracias, ángel guardián, por acompañarme en este espacio y por revelarte ante mí».

- En tu mente, cobra conciencia de tu ángel, que está de pie ante de ti.

- El ángel está ahí en toda su gloria. Cobra conciencia de cómo te parece que luce.

- En primer lugar, ve el aura del ángel. Fíjate en el color de esta luz.

- Luego ve su cara, que se va formando ante ti. Cobra conciencia de sus facciones.

- Mira el cabello del ángel. Mira su ropa. Mira sus alas.

- En tu mente di: «Gracias por revelarme tu nombre». Confía en el primer nombre que el ángel te dé.

- Lo siguiente que puedes hacer es hacerle a tu ángel algunas preguntas o hablar con él sobre cualquier cosa que tengas en la mente.

- Tómate un tiempo para disfrutar de su compañía. Siente su abrazo y abrázalo tú también. Mira el amor incondicional que tiene para ti. Ahora está contigo.

- Cuando hayas terminado tu meditación, ¡dale las gracias y abre los ojos!

Toma nota de tu experiencia en un diario para que puedas agregarle datos conforme avances.

RESUMEN

- Tu ángel guardián no necesita formalidades para hablar contigo.

- Tu ángel te hablará de alguna manera que entiendas.

- Conocer el nombre de tu ángel no es importante.

- Dios te anima a hablar con tu ángel.

- Cada oración es escuchada por los ángeles.

- La ayuda ya está presente, así que da gracias por ella en tus oraciones.

Capítulo 7

El poder de los arcángeles

Los ángeles iluminan el camino, para que toda la oscuridad desaparezca y estés parado bajo una luz tan brillante y clara, que puedas entender todas las cosas que veas.

UN CURSO DE MILAGROS

Los arcángeles son un coro poderoso de ángeles dedicados a la salud y a la sanación a nivel planetario. Estos seres fenomenales están ayudando a la gente de todo el mundo a hacer la transición hacia la paz. Son una fuerza interesante de ángeles, los máximos guerreros pacíficos, y cuando llegan no puedes dejar de sentir su presencia.

Como ya sabemos, los arcángeles son los «administradores» de nuestros ángeles guardianes. Están un peldaño más arriba y cuando actúan van en serio. He visto muchas imágenes de arcángeles que son suaves, mullidas y delicadas, pero tengo que decir que estos seres son fuertes, como guerreros poderosos. Tienen un papel que cumplir y nada los va a detener. Pese a ello, claro que estos seres en última instancia están llenos del amor de Dios. No juzgan en ningún sentido, pero cuando nos abrimos ante su ayuda, son rápidos, directos y van al grano. Creo sinceramente que los arcángeles son los seres que necesitamos de nuestro lado. Trabajan con nuestros ángeles guardianes para apoyarnos si estamos abiertos ante su ayuda.

Probablemente haya miles de arcángeles por ahí en el universo, pero algunos son más conocidos para nosotros que otros y vamos a ver cuatro de los más importantes más adelante en este capítulo.

Ahora sabemos que los ángeles en realidad son seres sin forma, energía divina pura, pero que se muestran ante nosotros en una forma humana o incluso sobrehumana para que podamos entenderlos como seres y también comprender la magnitud de su poder. Los arcángeles no son distintos. Por eso puedes encontrar muchas descripciones diferentes de arcángeles e interpretaciones de su energía, pero su esencia es, sin duda, exactamente igual.

¿Los arcángeles como ángeles guardianes?

He oído hablar de muchos casos donde las personas han tenido una interacción con un arcángel específico o me han mencionado que cuando le pidieron a su ángel guardián que se revelara, oyeron el nombre de un arcángel. Quizás estas personas hayan experimentado a este arcángel en su práctica de meditación o se hayan conectado con él de otra manera. Pero es importante decir que los arcángeles principales no pueden ser nuestros propios ángeles guardianes personales. Estos seres no son exclusivamente de una sola persona, sino que están abiertos ante todos nosotros. Así que cuando escuchas el nombre de un arcángel como si fuera el de tu ángel guardián, es probable que lo que sucede sea que tu ángel guardián tenga el mismo nombre que alguno de los arcángeles principales. *Uriel*, *Gabriel* e incluso *Miguel* son, probablemente, igual que los nombres comunes *Juan*, *María*, etcétera, que hay aquí en la Tierra.

Nuestros ángeles guardianes están con nosotros todo el tiempo, pero los arcángeles necesitan ser invitados a unirse a nosotros. Podemos hacer esto en cualquier momento.

Es importante saber que los arcángeles son seres multidimensionales. Esto significa que pueden estar en muchos lugares a la vez. De hecho ni los ángeles ni los arcángeles están limitados por el tiempo o el espacio; su energía es eterna y está en todas partes.

Arcángeles

Los arcángeles más conocidos juegan papeles importantes en cuanto a ayudar a este planeta. Aquí hay información más detallada acerca de Miguel, Gabriel, Rafael y Uriel.

Arcángel Miguel: El protector

El Arcángel Miguel es el rey de los ángeles, el príncipe del cielo y el santo patrón de la protección. Las imágenes católicas antiguas muestran que mata al demonio o que lo obliga a ir al purgatorio. He encontrado que esto es una metáfora para ayudarnos a superar la oscuridad de nuestro ego. El

Arcángel Miguel nos protege de esa voz difícil y a veces oscura en nuestra mente que nos detiene y nos hace sentir que no somos lo suficientemente buenos.

Cuando veo a Miguel, lo veo como un hombre alto y musculoso con rizos rubios. Lleva armadura y porta una espada. La espada está hecha de luz ardiente y es una espada de la verdad. Puede iluminar la oscuridad que rodea a una situación y también quitar los espejismos, los temores o las dificultades que nos detienen. Cuando la espada de luz de Miguel toca cualquier cosa que sea temerosa en vez de amorosa, la convierte en luz, por lo que disipa cualquier oscuridad.

Cualquier persona puede llamar a Miguel en cualquier momento. Tiene una energía de color azul brillante y podemos invocar su presencia al visualizarnos envueltos por una luz azul. Su propósito es proteger y guiar a todos los que lo llaman.

Las legiones de Miguel

El Arcángel Miguel tiene un ejército de ángeles. Estos seres divinos están dedicados a la protección de la humanidad. Como sabes, los ángeles no pueden ayudarnos a menos que les demos la bienvenida, pero estos seres hacen su mejor esfuerzo por cuidar, guiar y proteger a aquellos que estén desesperados. Con frecuencia se encuentran en áreas donde se están dando guerras y violencia impulsada por temor. Son guerreros pacíficos dedicados al bienestar de toda la humanidad.

Trabajadores de la luz

El Arcángel Miguel tiene cierto cariño especial por los trabajadores de la luz de este planeta. Un trabajador de la luz es alguien que ha sido llamado para ayudar a los demás, una persona que se dedica a los demás y a su crecimiento espiritual, ya sea que ellos se den cuenta o no. La mayoría de los trabajadores de la luz por lo general no están conscientes de sus dones o talentos especiales porque son las personas más modestas y altruistas que llegarás a conocer. Pero cuando un trabajador de la luz sigue su camino divino para ayudar a otros, la energía y las legiones de Miguel se unen a él y apoyan su travesía de servicio.

Cortar los cordones

Uno de los grandes regalos que el Arcángel Miguel nos ofrece es la eliminación de los cordones. He escrito sobre esto en otros lados, pero vale la pena reiterarlo aquí, ya que es una de las prácticas espirituales más grandes que he experimentado. Los cordones son las conexiones que nos atan a personas, lugares o recuerdos que están llenos de miedo. Cuando estamos expuestos a una situación que es difícil o emotiva, o cuando alguien con una personalidad que nos deja agotados entra en contacto con nosotros, un cordón nos puede alcanzar y puede atarnos a esa energía. La energía quizá no sea perjudicial en *sí*, pero puede convertirse en una barrera para la paz, la felicidad y el equilibrio que merecemos.

Algunos cordones son más difíciles que otros. Por ejemplo, he colaborado con trabajadores de apoyo de salud mental que tienen pacientes difíciles que les exigen mucho. Nunca olvidaré a cierta mujer. Le encantaba su trabajo y era muy dedicada a éste, pero cuando llegaba a casa, era como si su mente no lograra desconectarse de la preocupación por sus pacientes. Recuerdo que le pregunté si alguna vez había considerado la protección espiritual y decir algunas «oraciones para desconectarse» por las noches. Ella ni siquiera había pensado en ello. Le ofrecí una visualización diaria para protegerse y una oración para cortar los cordones por la noche. Hablé con ella sobre eso unas cuantas semanas después y me dijo que estaba durmiendo mejor que nunca y era como si le hubieran quitado un peso de encima. En un sentido espiritual, así había sido.

Consulta la página 176 para ver técnicas de corte de cordones y de protección.

Una oración para invocar a Miguel

Querido Arcángel Miguel,
Gracias por tu luz protectora y tu presencia en mi vida.
Saber que tú y tus ángeles me mantienen seguro a todos los niveles se siente muy positivo y reconfortante.
Le doy la bienvenida a tu espada de la verdad y a que la luz corte cualquier cosa de mi vida y de mi camino que no me esté sirviendo, para que así pueda hacerle un espacio a la bondad que me merezco.
Estoy a salvo en tu presencia.
¡Gracias, Miguel!
¡Y así es!

Arcángel Gabriel: La cuidadora

Gabriel es uno de los ángeles más amorosos y cariñosos que he experimentado. La mayoría de la gente espera que este ángel sea hombre, pero yo siempre he visto a Gabriel como una mujer curvilínea fuerte, con rizos rojos que fluyen y ojos turquesa brillantes. Tiene la apariencia de un ángel maternal, pero además es intenso. Con frecuencia he comparado su aspecto con el de la bella cantante Adele, y me sorprendió gratamente escuchar hace tiempo que Adele le puso Angelo a su hijo, ¿será esto una señal? Cuando escuchas a Adele sabes que es alguien que tiene alegría en su centro. Le encanta la risa, pero la honestidad lo es todo para ella, simplemente no puede mentir. Éstas son cualidades que Gabriel también tiene. Fascinante.

Gabriel significa *fuerza de Dios*, y el propósito de este ángel es dar cariño y guiar a los hijos de Dios. Todos somos hijos de Dios, por supuesto, y todos también tenemos un niño interior dentro de nosotros. La mayoría de nosotros hemos olvidado a ese niño, pero cuando dejamos de reconocer este aspecto tan divino de nosotros mismos, podemos apagar nuestros sentimientos por completo. Uno de los mayores regalos que Gabriel nos ofrece es la oportunidad de enviarle amor y cariño a este niño interior por medio de nuestras oraciones y visualizaciones.

Fertilidad y embarazo

En la Biblia se dice que Gabriel es el ángel que vino con María para decirle del próximo nacimiento de su hijo Jesús. Gabriel también se le apareció a Zacarías para decirle del nacimiento de su hijo, Juan el Bautista. Desde estas primeras historias, Gabriel ha sido conocido como el ángel de los niños y la fertilidad.

Gabriel puede ayudar a aquellos que estén tratando de concebir un hijo y también en cuanto a todos los aspectos del embarazo, incluido el parto. Tiene la asombrosa capacidad de tranquilizar tanto a la madre como al niño.

Comunicación

Gabriel no sólo es el ángel de las madres, también es ángel de la comunicación. Carga la trompeta de las buenas noticias y, a lo largo de toda la historia registrada por escrito, ha habido relatos de su llegada con buenas noticias o transmitido algún tipo de conocimiento.

Ligado a esto está uno de los mayores servicios que este ángel divino ofrece: nos ayuda a hablar con nuestra verdad. Hay tanta gente en el mundo que anda por ahí como si cargara con un lastre: la sensación de que no puede compartir sus verdaderas emociones. Gabriel nos puede ayudar a soltar este lastre. Puede ayudarnos a hablar con la verdad y con integridad en nuestro corazón, y puede ayudarnos a sentirnos seguros al hacerlo.

Cuando le ofrecemos nuestra verdad sincera a alguien, le damos un regalo. Incluso si la información es difícil o profundamente emotiva, al soltarla nos abrimos ante nuevas experiencias positivas. A nivel espiritual, si nos guardamos algo o no compartimos lo que verdaderamente sentimos, provenimos de un espacio en nuestro corazón que está basado en el miedo. Al hacer esto, creamos barreras y bloqueos a la recepción de la abundancia del amor que nos rodea. Por esta razón Gabriel nos ayuda a decir nuestra verdad.

Líderes y oradores

Como Gabriel lleva la trompeta de las buenas noticias y es el ángel de la comunicación, puede ser invocada por líderes, oradores e incluso maestros para que les ayude a transmitir su mensaje con gran claridad.

Gabriel también te ayudará a hablar desde tu corazón, sin lugar a dudas, pero es importante señalar que si le pides ayuda, ninguna mentira vendrá de tu boca; te va a instar de alguna manera a que cuentes toda la verdad y nada más.

Una oración para invocar a Gabriel

Estimada Gabriel, arcángel del amor cariñoso y puro,
Gracias por hacer brillar tu energía sobre mi vida.
Te permito que trabajes conmigo al compartir mis verdades con integridad y para el mayor bien de mi crecimiento espiritual.
Gracias, también, por ayudarme a mirar a través de los ojos de mi niño interior para que pueda ver que la vida está llena de oportunidades, alegría y asombro.
Se siente tan bien saber que tu luz materna que guía está hoy en mi corazón.
¡Y así es!

Arcángel Rafael: El sanador

El nombre de *Rafael* significa *Dios sana,* y él es el ángel sanador. Es un ángel hermoso y nunca olvidaré la primera vez que experimenté su presencia sanadora. Lo vi pasar suavemente con sanación por encima de una persona y de su energía, y fue algo tan hermoso de observar que se me erizó cada vello del cuerpo. Me invadió la emoción y no pude contener el amor que sentía. Comencé a llorar...

Rafael puede traerle milagros de sanación a cualquiera que realmente permita que ocurran, y su luz esmeralda brillante puede ayudarnos en todos los niveles: mental, emocional, físico y espiritual.

Cuando veo a Rafael en mis meditaciones y por medio de la clarividencia, lo veo como un hombre joven y guapo de aspecto italiano. Tiene una mandíbula bien definida y hermosos ojos dorados. Tiene cabello rizado y su sonrisa es acogedora. Su aura es esmeralda brillante, con varios arcoíris y el más sutil de los remolinos color violeta.

En las obras de arte, se ve que Rafael porta el caduceo, que es el símbolo universal de la sanación que a menudo observas en un costado de las ambulancias. Esto siempre me recuerda que la luz sanadora de Rafael está disponible para todos aquellos que le den la bienvenida.

La sanación y los profesionales de la salud

Como Rafael es el ángel sanador, actúa como guía espiritual para todos los profesionales de la medicina, la salud y la sanación que viven su vida al servicio del bienestar de los demás. Si tú mismo eres un profesional de la salud, o si tienes un amigo cercano que lo sea, y hay dificultades a lo largo del camino, puedes invitar a Rafael para que te apoye. Él trabajará con tu ángel guardián para orientarte hacia la dirección correcta.

Rafael ama a los sanadores de la energía, a los terapeutas y a los profesionales de la medicina. Si tú mismo eres uno de ellos y lo invitas a entrar, puede guiar toda tu práctica. Puedes darle la bienvenida para que ilumine la sala con luz sanadora y, por supuesto, para ayudarte a sanar a los demás. Él está listo y dispuesto a ayudarte con todo, desde el Reiki y la terapia con cristales hasta el trabajo con chakras. Invócalo para que esté presente cada vez que te enfoques en tu labor de sanación.

La sanación dentro del ahora

Rafael también puede ser invocado para traerte sanación a ti en lo personal. Uno de los mensajes más grandes que nos brinda es que la sanación se produce en el momento presente. Generalmente, la gente reza por la sanación y espera que el futuro entregue la respuesta, o pide por la sanación de algo que fue diagnosticado en el pasado. Cuando reconocemos algo del pasado o preguntamos respecto al futuro, dejamos que nuestro presente sea influido por estos pensamientos. Pero cuando le damos la bienvenida a la sanación de Rafael, podemos hacerlo de tal manera que sepamos que está sucediendo justo en este instante. Justo ahora, en este mismo minuto y en esta hora, es cuando los milagros suceden.

Protección al viajar

Rafael es también el ángel a invocar mientras viajas. Uno de los mayores regalos que nos ofrece es hacernos sentir lo más cómodos y lo mejor posible cuando vamos de un lado a otro. Incluso si somos buenos viajeros, puede ayudarnos a relajarnos y a estar bien. Si sufrimos de mareo por el movimiento o nos sentimos tensos por un viaje, podemos hablar con él y estará ahí con nosotros, apoyándonos a cada paso del camino.

Viajo con frecuencia, habitualmente por vía aérea, y siempre invito a Rafael a estar conmigo. Una de las cosas que parece que me suceden es que me quedo dormido tan pronto me subo al vuelo, ¡incluso antes del despegue! Luego me despierto y estoy aterrizando, o bien estoy a 10 minutos de aterrizar. Es milagroso. ¡Gracias, Rafael!

Una oración para invocar a Rafael

Arcángel Rafael, sanador divino,
Gracias por rodearme con tus rayos sanadores color esmeralda para que pueda aceptar el bienestar que merezco.
Permito que la sanación ocurra en todos los niveles en mi cuerpo, mi mente y mi alma en este mismo momento.
Gracias por guiar el camino en todos mis viajes;
ya sean internos o externos, sé que vas a hacer que yo siga bien.
¡Y así es!

Arcángel Uriel: El que trae la luz

El Arcángel Uriel es el ángel con el cual me identifico más. Es brillante y está lleno de vida y energía. Su nombre significa la *luz de Dios*, y me recuerda un día de verano brillante. Su propósito es traer la luz de Dios.

Una de las grandes cosas que he descubierto acerca de Uriel es que realmente puede alegrarte. Como porta las verdaderas cualidades de la luz, trae consigo todo lo que traerían unas vacaciones en la playa. Alegría, felicidad y re-juvenecimiento irradian de su aura, y quiere hacer que nos sintamos bien y de manera positiva mientras estemos aquí en el planeta Tierra.

Cuando he visto a Uriel durante mis meditaciones, siempre se ha aparecido como un ángel guapo de aspecto juvenil. Tiene cabello rubio pero está suavemente broncea-do por el sol. Tiene pequeñas pecas provocadas por el sol en las mejillas y usa una prenda superior de armadura que tie-ne músculos esculpidos y está hecha de un metal que jamás he visto en este planeta. Porta una antorcha de luz, la cual representa su capacidad de eliminar la oscuridad y volver a equilibrar una situación.

Como Uriel es el ángel de la luz, puede ayudar con cualquier pensamiento o espejismo oscuro. Si te sientes confundido en cuanto a la respuesta ante algún problema o estás buscando la solución para algo en tu vida, te ayudará a aprovechar tu intuición para resolverlo.

El plexo solar

El centro de energía del plexo solar se encuentra justo en-cima del ombligo. Es tu centro de poder, el centro de sol de tu cuerpo. Si la energía en torno a esta parte de tu cuerpo está desequilibrada o bloqueada, hay una buena probabili-dad de que estés experimentando mucha frustración y rabia acumulada, así como falta de energía. La luz de Uriel llega directamente hasta este espacio y rompe los obstáculos que te estén impidiendo ser impulsado con energía en la forma que mereces, para que puedas sentirte motivado, reflexivo y concentrado en todo lo que hagas.

Pruebas y exámenes

Uriel es un ángel magnífico para invocar en tu ayuda cuando estés realizando una prueba o un examen. Ayuda a que tu cabeza se sienta libre de preocupaciones y alerta para que puedas acceder a tus recuerdos y experiencias con gran claridad.

Hacer brillar tu luz

Si tienes dones y talentos especiales para compartir, entonces el Arcángel Uriel es tu nuevo mejor amigo. Puede ayudarte a tener confianza y seguridad en ti mismo para que compartas tu originalidad con el mundo.

Uno de los principales mensajes que llegó cuando comencé a trabajar con este increíble ángel era que nos mira a todos nosotros y ve nuestro potencial creativo. Quiere que todos tengamos un lugar en el mundo y no ve a nadie como «más especial» que otro. Simplemente nos ve por quienes somos.

Si sientes que tienes un talento especial o un don para compartir con este planeta y te has estado conteniendo durante demasiado tiempo, invoca la presencia de Uriel y permite que su luz disipe tus dudas para que realmente puedas expresar quién eres.

Los individuos que trabajan por su cuenta

A Uriel le encanta ayudar a aquellos que trabajan por su cuenta. Sabe más que ningún otro ángel lo difícil que puede ser ofrecer tus servicios y lo fácil que es que tu visión se nuble por tu ego y tus temores. Viene a ti como un rayo intenso de luz y hace brillar la luz sobre tu negocio para que puedas atraer a todos aquellos a quienes les puedas dar servicio para el mayor bien.

Si sabes de alguien que esté batallando con su negocio o si tú tienes dificultades con el tuyo, invoca a Uriel. Vendrá con ideas e inspiración y les ayudará a buscar una solución para cualquier dificultad que enfrenten.

Una oración para invocar a Uriel

Arcángel Uriel, portador de luz,
gracias por inspirarme para que pueda compartir mis do-
nes, mis talentos y mi ser con el mundo.
Permito que tu luz brille sobre mí, mientras me conecto con
mi voz interior y mi fuente de poder para sentirme inspirado
y creativo.
Estoy cubierto por la luz de Dios.
¡Gracias por mostrármela!
¡Y así es!

Una afirmación para invocar a Uriel

¡Hago brillar mi luz con el mundo y acepto mis dones, pues
me guía el Arcángel Uriel!

Ejercicio: Enviar ayuda por parte de los arcángeles

En este ejercicio vamos a trabajar con el Arcángel Rafael y el Arcángel Miguel y su legión de ángeles. Este mundo requiere tanta sanación, protección y libertad, y estos ángeles sin duda se dedican a una sola cosa: al amor.

Siempre que el amor está presente, hay sanación, hay seguridad y hay libertad, y esto es lo que verdaderamente necesitan muchas personas y lugares hoy en día. Al ser las personas buenas de este planeta, podemos ayudar a lograr esto con nuestros pensamientos y oraciones. Las oraciones realmente tienen el poder de movilizar a la gente y cambiar su vida, y sé que es un hecho que cuando les enviamos ángeles a otras personas, escuchan nuestro llamado y hacen su mejor esfuerzo por ofrecer apoyo.

Vamos a tomarnos un poco de tiempo para pensar en lugares que tengan alguna necesidad urgente y enviarles nuestros pensamientos, ángeles y oraciones.

· Tómate un tiempo para ti mismo. Es mejor si no te interrumpen, no porque esto detuviera la sanación o las oraciones, sino porque de esa manera te podrás concentrar más fácilmente.

· Siéntate en silencio y de forma cómoda, y concéntrate en tu respiración. Puedes mantener los ojos abiertos o cerrarlos si te parece que eso se siente mejor.

· Piensa en los lugares, personas y situaciones del mundo, o de tu propia vida, que podrían beneficiarse de la luz de los ángeles.

· En tu mente, imagina una multitud de ángeles dirigida por dos arcángeles poderosos que descienden en este espacio. Mira en tu mente y siente en tu corazón su luz que brilla en todo este espacio. Mira la luz dorada que brilla a través de cada grieta, cada espacio y cada persona que está ahí, y que ilumina cada rostro y cada corazón.

· Mira a la multitud de ángeles que se arremolina, que baila y que ama esta situación y a todos los involucrados. Imagina la paz que llena todo el espacio disponible y retira cualquier cosa que no sea amor.

· Entonces di la siguiente oración:

Por la gracia de Dios,
Gracias, queridos ángeles, Arcángel Miguel y Arcángel Rafael, por iluminar a las personas, los lugares y las situaciones que siento que necesitan su amor.
Gracias por guiarlos hacia la paz, gracias por guiarlos hacia el amor y gracias por enviar a sus ángeles de sanación para guiarlos hacia la armonía.
Les cedo mis preocupaciones acerca de esto a ustedes, pues sé que harán su mejor esfuerzo por sanar, proteger, guiar y vigilar, todo por el bien más elevado.
¡Y así es!

· Tómate algunos momentos para permitir que tus intenciones queden establecidas. En voz baja, dale las gracias a tu Creador y a los ángeles por ayudarte a establecer tus pensamientos de sanación.

· Si puedes hacerlo, quizá quieras encender una vela blanca en la ventana para darle apoyo a tu oración y concentrarte en la paz.

RESUMEN

· Los arcángeles son los *ángeles jefes* que se aseguran de que todos los demás ángeles desempeñen sus funciones adecuadamente.

· Son los ángeles guerreros llenos de amor y de paz.

· El Arcángel Miguel es el máximo ángel de la protección.

· El Arcángel Gabriel puede ayudarnos a conectarnos con nuestro niño interior.

· El Arcángel Rafael es el ángel sanador.

· El Arcángel Uriel ilumina la oscuridad y nos ayuda a encontrar soluciones ante las dificultades.

Capítulo 8

Ángeles sanadores

Millones de criaturas espirituales caminan por la tierra sin ser vistas, tanto cuando estamos despiertos como mientras dormimos.

JOHN MILTON

Los ángeles sanadores son un coro de ángeles que se dedican a sanar al mundo. Son cautivadores. Los he contemplado muchas veces y poseen la luz más pura que he visto. Sus auras brillan intensamente y tienen tonos dorados, blancos y a veces esmeralda a su alrededor.

Los ángeles sanadores sirven a la humanidad. Están aquí para ayudarnos a superar las dificultades de salud que podemos enfrentar mientras estemos en la Tierra. Vierten su luz sobre los enfermos y guían a muchos para que nuevamente tengan buena salud.

Estos médicos divinos son dirigidos ni más ni menos que por el Arcángel Rafael. Cuando sea que les pidas sanación, van a colocar sus manos sobre ti y desearte lo mejor.

Fe

Siempre me he sentido fascinado por la fe. Dicen que puede mover montañas y creo que es así. La fe es la dedicación, es recordar, es eliminar el condicionamiento de la mente hacia el temor y dirigirla hacia la fuente de nuestra creación. Cuando tenemos fe en los ángeles, ellos cumplen. La razón de ello es que nos desprendemos de nuestros temores a que nos fallen y nos decepcionen, les cedemos nuestra situación y confiamos en que la resolverán.

Desde que era chico me ha encantado la idea de decir una oración por otra persona. Cuando era niño, una amiga cercana de la familia llamada Margaret me cuidaba frecuentemente mientras mis padres trabajaban. Era una católica devota y si era fin de semana a veces me llevaba a la iglesia. Recuerdo una noche estando de pie a su lado, que ella encendía velas y se arrodillaba con las manos en posición de orar. Le pregunté qué estaba haciendo, y me dijo que estaba orando por su familia. El poder, el amor y la esperanza que estaban dentro de ella en ese momento se han quedado conmigo desde entonces. Y desde que descubrí a los ángeles, constantemente he dicho oraciones por otros con la esperanza de que los ángeles los guíen por su camino.

Me he dado cuenta de que no importa cuál sea tu fe; esto ayuda. Como he dicho, los ángeles van más allá de la religión, pero si tienes algún sistema de creencias específico, te van a apoyar para que lo sigas de la mejor manera que puedas, siempre y cuando sea para tu crecimiento y para el bien supremo de todos.

Un encuentro con los ángeles sanadores

A principios de este año tuve un encuentro maravilloso con los ángeles sanadores. Estaba en mi oficina en Glasgow, preparándome para el día que comenzaba, cuando una luz dorada y de color esmeralda llenó la habitación. Pude sentir, por medio de mi clarividencia, que había ángeles presentes y ni siquiera me había sintonizado para trabajar. Supe que algo estaba sucediendo.

Cerré los ojos y en mi mente pude ver un ángel masculino alto y delgado ahí parado. Por todo su alrededor había una luz dorada brillante. En mi mente me pregunté por qué estaría presente en este momento y me dijo: «Todo será revelado pronto. ¡Soy un ángel sanador!».

Su mensaje fue directo y simple, y lo más importante fue que confié en él. Me dieron ganas de ir a la puerta y abrirla. No tenía que empezar a trabajar hasta dentro de otros 35 minutos, ¡pero algo casi *me obligó* a hacer eso!

Parada tras la puerta estaba una mujer de aspecto dulce. Tenía unos sesentaitantos años, usaba anteojos y llevaba el cabello peinado con secadora. Estaba totalmente envuelta en ropa de invierno, con bufanda y guantes a juego. Al verme, dijo: «Perdón por haber llegado un poquito temprano».

Cuando a mi vez la miré y sonreí, vi al ángel de mi visión, que estaba parado detrás de ella. Al instante, abrí bien la puerta y le di la bienvenida para que entrara.

Se sentó y le ofrecí un vaso de agua (tengo una hielera en mi oficina). Aceptó y admitió que tenía bastante sed.

—No sé si vas a poder ayudarme —dijo, mientras me daba un apretón de manos—. Mi nombre es Emily.

Me di cuenta entonces de que esta señora había reservado una lectura, pero sentí como si fuera a suceder algo más. No sólo era como si lo divino hubiera coordinado a la perfección que ella llegara temprano y que yo me estuviera organizando para que nos pudiéramos conectar, pero supe que los ángeles la habían animado a venir a verme, no porque yo la pudiera «componer», sino porque yo podría crear el espacio adecuado para que ella se pudiera componer a sí misma, con ayuda de ellos. Supe en ese momento que algo milagroso iba a suceder ante mí.

Le dije a Emily cómo trabajaba y la invité a que colocara las manos sobre mis tarjetas de ángeles. Entonces cerré los ojos y coloqué mis manos sobre las de ella. Ahí en mi mente estaba el ángel.

—Hemos traído a Emily hasta ti para poderle ayudar a superar las dificultades por las que está atravesando —dijo—. A lo largo de su vida, Emily ha actuado como un ángel de la Tierra, al dar, entregar y ponerse enteramente al servicio de los demás. Hace muchos años le enviamos exhortaciones para que le bajara a su ritmo, pero nunca confió en ellas y continuó prestando servicio. Ahora, años más tarde, está cansada y el cáncer se ha extendido por todo su cuerpo. Queremos que viva, ya que muchos dependen de ella y queremos ayudar a sanarla. ¿Puedes decirle que estamos aquí?

Cada vello de mi cuerpo se había erizado. Me sentí abrumado y emotivo, pero sabía que debía mantenerme calmado para llevarle este mensaje a Emily. Le dije lo que había escuchado y ella respondió emotivamente.

—He estado luchando contra este cáncer —me dijo—. He recibido tantos tratamientos distintos y no estoy segura de cuánto más pueda aguantar. Les digo a todos que estoy bien, pero no lo estoy. Estoy asustada. Creo en Dios, pero pienso que me estoy muriendo.

Le dije a Emily que yo creía algo distinto. Los ángeles la habían enviado hasta mí. Querían que ella supiera que estaban aquí para sanarla. Ella sólo tenía que ponerse en sintonía con ellos para que esto ocurra.

—Emily necesita saber —me dijo el ángel sanador—, que sólo puede sanar si deja de luchar contra su cáncer. Cuando «lucha», se crea una guerra en su cuerpo. Estamos aquí para reemplazar eso con armonía.

En ese momento fue como si hubiera descargado algo desde el cielo. El ángel había traído hasta mi conciencia algo que era importante compartir: cuando tenemos una dificultad dentro de nuestro cuerpo, muchas veces queremos luchar contra ella. Sin embargo, cuando luchamos, incluso con nuestro poder mental, creamos una guerra dentro de nuestro cuerpo. Y el verdadero sanador del mal-estar no es la guerra sino el amor. Mira, el mal-estar es el temor, no es real y, aunque lo experimentemos en nuestro cuerpo, no es quien somos. Somos amor y cuando recordamos esto y nos enfocamos en ello, nos volvemos enteros de nuevo.

Emily estaba en la etapa de darse por vencida y los ángeles no querían que eso sucediera. Querían que se quedara y continuara su travesía con su familia. Para hacer eso, sólo necesitaba cambiar la forma en que pensaba y se sentía acerca de su cuerpo.

Los ángeles sanadores me animaron a facilitar un espacio donde Emily los pudiera invocar y finalmente sanarse a sí misma al abrirse ante la luz de ellos. Así que la invité a recostarse en la cama de Reiki de mi oficina, y le dije que necesitaba darles la bienvenida a los ángeles para que entraran y que le ayudaría a hacerlo. Tuvimos tiempo suficiente para que ella se acostara, se relajara y permitiera que la sanación se llevara a cabo. Mientras estaba acostada, los ángeles me pidieron que dijera «linfoma», y ella me dijo que ésa fue la primera forma que el cáncer había adoptado.

Abrí la boca y empecé a hablar:

—Emily, ya estás entera, ya estás sanada. La energía en tu cuerpo fluye de manera libre y armoniosa.

Mientras estaba sentado ante sus pies, puse mis manos en ambos lados de sus piernas y oré en voz alta: *Gracias, ángeles, ángeles sanadores, Arcángel Rafael y quien sea que pueda ayudar. Gracias por verter su luz sanadora dentro de Emily para que realmente pueda percibir que ya está entera y completa. ¡Les cedemos este momento a ustedes y les permitimos hacer su trabajo para el mayor bien! ¡Y así es!*

Los ojos de Emily estaban cerrados, pero pude ver lágrimas que rodaban por su rostro. Finalmente se estaba rindiendo; estaba renunciando a la guerra, estaba dejando que saliera el mal-estar y estaba dejando que entrara la sanación.

Los ángeles rodearon la cama ese día, estaba iluminada por energía dorada. Fue un placer experimentarlo. En mi corazón y en mi alma, sabía que Emily iba a estar bien y que iba a seguir viva durante muchos años felices y saludables que estaban por venir.

Después de la sesión nos abrazamos y ella siguió su camino. Más tarde recibí mensajes suyos que decían que los médicos habían coincidido en que su cáncer estaba en remisión, ¡pero ella ya lo sabía! ¡Dios la bendiga!

Ya estamos enteros

El mensaje de los ángeles sanadores es que ya estamos enteros. Están aquí para recordárnoslo. Nuestro verdadero ser, nuestra alma, no se puede dañar o contaminar. Siempre se cura, porque es amor incondicional. Nuestro cuerpo, por otro lado, puede atravesar por dificultades o enfrentarse al mal-estar si no tenemos conocimiento de la totalidad de lo que somos.

Cuando invocamos a los ángeles sanadores, nos animan a tener fe y a recordar quiénes somos. Envían sus rayos sanadores para eliminar los obstáculos en nuestra percepción, que se interponen entre nosotros y el hecho de estar enteros. Finalmente, nos sanamos a nosotros mismos, pero estamos apoyados por estos seres divinos al hacerlo.

Sanarnos a nosotros mismos

No necesitamos ver a los ángeles para pedirles sanación. Podemos invocarlos en cualquier momento para que nos bendigan con su luz. Si estás experimentando alguna dificultad en tu cuerpo y has estado luchando contra ella, ahora es tu oportunidad de cambiar. Cambiar la forma en que te sientes con respecto a tu cuerpo te ayuda a romper las barreras del miedo que están evitando que ocurra la sanación. Si, por ejemplo, hay alguna dolencia específica que estés experimentando o un órgano en particular que esté conectado a tu mal-estar, sería interesante ver cómo piensas al respecto. Pregúntate sinceramente acerca de ello y míralo en tu visión interior. Si sientes frustración o ira o incluso odio hacia ello, esto bloquea la sanación.

Los ángeles me han enseñado que cuando las personas se enferman, a menudo se sienten frustradas por su cuerpo y preguntan: «¿Por qué me está pasando esto a mí?» o, peor aún: «¿Por qué mi cuerpo me está haciendo esto?». Éstos sin duda son gritos de auxilio, pero también son indicadores claros de que estas personas se han olvidado de que ya están enteras.

La mayoría de nosotros permitimos que nuestro cuerpo decida cómo nos sentimos. Pero los ángeles sanadores trajeron este mensaje que me encantaría compartirte:

Tu cuerpo no decide cómo está tu salud, tu mente lo hace. La forma en que te sientes, piensas, actúas y reaccionas a partir de tu mente y tu corazón afecta tu cuerpo. Si tus intenciones, acciones y pensamientos están alineados con el amor, entonces, efectivamente, tu cuerpo también lo estará. Si tu mente y tus intenciones están llenas de resentimiento, quejas o rencores, entonces estas emociones se convertirán en algo físico por dentro. Si las ideas basadas en el miedo se cambian por verdades basadas en el amor, la sanación física, emocional y mental puede darse de adentro hacia afuera. Estamos aquí para ayudarte a hacer esto. Te invitamos a recordar el amor que eres y a permitir que la sanación se desarrolle a partir de eso.

Cambiar tus pensamientos e ideas puede tomar cierto tiempo, especialmente si han estado presentes durante un buen rato. Sin embargo, no te preocupes, los ángeles también pueden ayudarte a hacer eso. Muchos de nosotros necesitamos sanar nuestros pensamientos y éste es uno de los propósitos de los ángeles sanadores divinos que simplemente están esperando para ayudarnos.

Una oración para alinear tus pensamientos con la sanación y el amor

Gracias, ángeles sanadores divinos, por apoyarme mientras dejo ir a los pensamientos que ya me no sirven, para que pueda alinearme con la verdad de mi alma, la cual está entera, completa y sanada. Me alineo con el amor.
¡Y así es!

Oraciones de gracia

Como mencioné anteriormente, me encanta la idea de orar por otros. De hecho, es algo que hago con frecuencia. Cuando oramos por los que necesitan ayuda con su salud, los ángeles sanadores van hacia ellos. Sólo tómate un momento para pensar en el hecho de que cada vez que hayas pensado en alguien necesitado, sin importar quién fuera o dónde estuviera, y le hayas pedido a Dios que le ayude, un ángel sanador divino ha ido hasta él y lo ha bendecido con su presencia, incluso si ha permanecido invisible.

Cuando oras por otra persona, le das el don de la gracia y abres la oportunidad de que le ocurran milagros. Mucha gente me escribe y me manda correos electrónicos o me pide que ore por ella. ¡Siempre lo hago!

He aprendido, sin embargo, que cuando oramos por otros es importante hacerlo para su mayor bien. Por ejemplo, si alguien me pide que ore por la salud de su madre, y su madre está cerca del final de su viaje por la Tierra, claro que le envío oraciones de sanación y ángeles, pero esto podría no significar que vaya a recuperarse. En vez de eso, los ángeles sanadores podrían apoyarla y consolarla para que pudiera estar a salvo y protegida al hacer la transición natural hacia el cielo.

Otra cosa, ¿qué pasa si la persona por la que estás orando no quiere la ayuda? ¿O qué pasa si la quiere, pero no puede pedirla por sí misma? ¿Seguirá estando disponible? Aquí es donde entra en juego la gracia.

Lo que esto significa es que si una persona no es capaz de pedir ayuda, por cualquier razón, a pesar de que su alma la necesite desesperadamente, la Ley de la Gracia puede sobreponerse a su «libre albedrío» para que pueda aceptar la sanación que merece. Y si no quiere aceptar la ayuda por la cual oramos, no recibiremos nada de karma. ¡Perfecto!

Para asegurarnos de que esto suceda, sólo tienes que añadirles «bajo la *Ley de la Gracia*» o «conforme a la *Ley de la Gracia* a tus oraciones».

Manos que curan

¿Recuerdas haberte caído cuando eras niño? ¿Recuerdas haberte pegado en una pierna y que un padre amoroso te cubrió el golpe con la mano y te recordó que estabas bien? Ése fue tu primer contacto con la sanación por medio de las manos.

Todos tenemos la capacidad de sanar a otros con nuestras manos, y los ángeles nos pueden ayudar. Darle a alguien una de estas *experiencias de sanación de ángeles* es una manera magnífica de desarrollar tu conexión con el reino angelical y tu confianza en él. Ésta fue una de las primeras formas como desarrollé mi capacidad de estar en sintonía con los ángeles.

Al colocar las manos sobre los hombros de un amigo o un ser amado, puedes invocar a los ángeles para que envíen sus rayos sanadores a través de ti y de tus manos de modo que entren en la otra persona. En este caso, te conviertes en la vía, en el ángel de la Tierra que le pasa esta curación tan natural a tu «cliente».

En mis talleres de ángeles con frecuencia animo a la gente a reunirse en parejas para dar y recibir una sanación de ángeles durante 10 minutos, sólo para experimentar cómo es. Hace poco lo hice con un público de más de cien personas en Londres y me sentí abrumado por la retroalimentación. Tanto el *sanador* como el «cliente» experimentaron sentimientos de amor y otras sensaciones positivas a lo largo del proceso de sanación.

Un curso de milagros afirma: «Dar es tan bendito como recibir», y eso es totalmente cierto. Cuando le ofrecemos sanación a alguien, también la recibimos. Al dar la bienvenida a la curación para que entre, y permitir que pase a través de nuestro cuerpo con el fin de transmitirla, la recibimos nosotros mismos y luego, mientras la enviamos, ¡el universo nos bendice con diez veces más de la misma luz!

Cuando salí de la escuela, me fui a trabajar en un salón de peluquería. Sólo tenía 15 años cuando empecé. Le lavaba el pelo a la gente, limpiaba y hacía té y café, además de que mi jefe me enseñó cómo darle a la gente un masaje en los hombros mientras esperaba a que el estilista le cortara el pelo. Ésta fue la oportunidad perfecta para ofrecer la sanación de ángeles.

Tras estar en el trabajo durante unas cuantas semanas, logré armarme de valor para empezarles a ofrecer sanación de ángeles a los clientes. Les daba un masaje y luego durante los últimos cinco minutos les colocaba mis manos suavemente sobre los hombros e invitaba a los ángeles a enviar sus rayos sanadores para ellos a través de mí. Me asombraba la retroalimentación que recibía, pero no sólo eso, sino que además veía cosas.

Nunca olvidaré el momento en que le di sanación de ángeles a una mujer con la cual siempre era un placer platicar. Le expliqué mi interés en los ángeles y la sanación y me dijo que podía compartirle un poco; luego la invité a cerrar los ojos y le dije que iba a sostener sus hombros delicadamente y transmitir las buenas intenciones. Mientras lo hacía, pude sentir que mi cuerpo se calentaba y ver remolinos morados y de color azul añil en mi mente.

Al estar parado ahí, con los ojos cerrados, sosteniendo sus hombros, permití que la sanación se desarrollara. Después de esos cinco minutos más o menos, la animé a regresar y abrir los ojos. Dijo:

—Vaya, eso fue increíble. ¡Gracias!

Yo sabía que quería decir más, pero tal vez no quería sonar como un loco, así que dije:

—Pude ver azules y morados que se arremolinaban en mi mente mientras lo estaba haciendo.

—¡No puede ser, no puede ser! ¡Me estás asustando! —dijo.

Me eché a reír.

—También vi eso —continuó—, ¡y pensé que creerías que me estaba volviendo loca si te lo contaba!

Los ángeles con frecuencia se nos manifiestan cuando estamos enviando o recibiendo sanación, y creo que los ángeles de esta encantadora dama tenían auras de tonos azul y púrpura.

Si te abres a ofrecerles sanación a tus seres queridos, hay una gran probabilidad de que desarrolles tus habilidades para ver, escuchar o incluso sentir a tus ángeles guardianes y a los ángeles de aquellos a quienes estás sanando mientras lo haces. Es muy fácil de probar. Explora el ejercicio de la página 117.

Reiki y sanación espiritual

Hoy en día hay una enorme diversidad de sistemas de sanación por medio de energía en el mundo, y el Reiki y la sanación espiritual son de los más populares. Los ángeles sanadores trabajan con practicantes del Reiki y sanadores espirituales, ¡ya sea que se den cuenta o no! Estos ángeles están a la expectativa, protegen, guían y apoyan, y con frecuencia permiten que el terapeuta intuya qué parte del cuerpo de su cliente es la que más necesita la sanación.

Si eres un profesional de algún sistema de sanación con energía, quizá quieras agradecerles a los ángeles de sanación antes de empezar cualquier tratamiento. He practicado Reiki desde hace más de 10 años y siempre les doy la bienvenida a mi práctica a los ángeles sanadores y del Reiki. ¡Siempre me gusta saber que he pedido toda la ayuda posible!

Enviar pensamientos y oraciones de sanación

Si quieres enviarle sanación a alguien que no puedes ver en un momento determinado o solamente sabes que alguien necesita apoyo adicional, puedes hacer esto en su ausencia.

Los ángeles sanadores no están limitados por el tiempo y el espacio y pueden entregar tus intenciones sanadoras en cualquier momento.

Entonces, ¿cómo se hace?

Visualiza ángeles sanadores

Puedes visualizar rodeada de ángeles a la persona que sientes que necesita sanación. Me gusta visualizarla rodeada de ángeles que le están poniendo encima sus manos sanadoras. Conforme las manos de los ángeles van tocando a la persona, transfieren luz dorada hacia adentro de ella. Es un hermoso pensamiento.

Puedes hacer lo que quieras con tu visualización. Aunque sólo sea envolver a tu amigo o ser querido en luz rosa, permitirá que los ángeles sanadores vayan hasta él. ¡Sólo recuerda que debes tener la intención establecida *completamente para el bien supremo* y bajo la *Ley de Gracia*, para que su alma pueda aceptar la sanación para ellos!

Una oración de sanación para los necesitados

Arcángel Rafael y ángeles sanadores divinos:
Gracias por bendecir a [nombre de la persona] con sus rayos sanadores y su presencia. Es tan bueno ver que regresan a su estado natural de buena salud y ver la paz de esto en sus ojos.
Les cedo esto bajo la Ley de la Gracia ¡y así es!

Ejercicio: Compartir sanación angelical

Ahora hemos llegado al punto en que podemos aprender cómo ofrecer sanación angelical a un ser amado. Lo más importante es hacerlo con la mejor de las intenciones y, por supuesto, con su permiso.

La sanación es totalmente natural. Es animar a alguien a regresar hacia el amor y, al ofrecérsela, simplemente estás proporcionando el espacio para que pueda recibirla. A pesar de que pudiera no estar presente alguna enfermedad grave o un mal-estar, la sanación les traerá armonía y paz tanto al dador como al receptor.

- Asegúrate de que nadie te vaya a molestar durante un rato.

- Lo mejor es que tu cliente se siente en una silla.

- Pídele que cierre los ojos y coloca tus manos suavemente sobre sus hombros.

- Al cerrar los ojos, comienza a imaginar una luz sanadora que entra en tu cuerpo desde un lugar por encima de tu cabeza y sale a través de tus manos.

- A medida que la energía salga de tus manos, permite que lave la totalidad del ser de tu cliente.

- Mientras eso sucede, puedes decir una oración, ya sea en silencio para tus adentros o en voz alta si te sientes cómodo haciéndolo así. Sugiero algo como:

Ángeles sanadores divinos:
Gracias por verter su luz sanadora en [nombre del cliente].
Te ofrezco mis manos para que las uses como tu instrumen-
to sanador. Gracias por pasar todas tus vibraciones positivas
hacia adentro de esta persona muy merecedora.
¡Y así es!

· Entonces permite que la sanación fluya. Puede durar sólo unos cuantos minutos o puedes sentir que te aferras durante 10–15 minutos. Sólo sigue haciéndolo durante tanto tiempo como sientas que es correcto, y al final sólo di internamente: «¡Gracias, ángeles!», a fin de agradecerles el regalo que te dieron.

RESUMEN

· Los ángeles trabajan con nuestra fe para sanarnos.

· Saber que ya estamos enteros permite que ocurra la sanación.

· Sanar con las manos es natural; todos podemos hacerlo.

· Podemos enviar ángeles sanadores a los demás con la gracia.

· El Reiki, la sanación espiritual y otras prácticas de sanación de energía están guiados por ángeles.

Capítulo 9

Ver a los ángeles

La fe hace que lo invisible se vuelva visible.

ERNEST HOLMES, ESCRITOR Y MAESTRO ESPIRITUAL

La gente dice que ser capaz de ver a los ángeles es un don, ¡y realmente lo es! Pero lo que he encontrado es que no sólo se les ha ofrecido a unas cuantas personas. Todos podemos hacerlo, con la práctica. En algún momento en el camino de nuestra vida, todos habremos experimentado la clarividencia. Clarividencia significa *ver con claridad*. Es la capacidad psíquica de ver cosas que están más allá del mundo cotidiano. La forma más común es tener algún tipo de experiencia a través de los sueños. Cuando has tenido un sueño en el cual has visto un evento futuro o recibido la visita de un ser amado que está en el cielo o de los ángeles, eso es clarividencia.

Todos los clarividentes ven las cosas de manera distinta, y la razón de ello es que todos vemos las cosas de manera distinta en la vida. Si tú y yo estuviéramos parados juntos en la cima de una montaña admirando el paisaje, te garantizo que cada uno de nosotros elegiría diferentes objetos, nubes e incluso lugares emblemáticos.

Para estas alturas, probablemente te hayas dado cuenta de que los ángeles se adaptan a nosotros para que logremos entenderlos de la mejor forma que podamos, y es lo mismo con la clarividencia: los ángeles trabajarán con nosotros de algún modo que nos resulte comprensible y accesible.

La forma en que veo a los ángeles ha fluctuado a lo largo de los años. Generalmente sucede en mi mente. Veo a alguien o un espacio, y en mi mente, al mismo tiempo que veo a la persona o el espacio, ahí veo un ángel. Es como si mi mente proyectara la imagen que está viendo en ese espacio para que yo pueda verla y entender lo que está pasando angelicalmente.

Al principio, cuando veía a los ángeles, sucedía casi por casualidad; simplemente estaba en el lugar correcto en el momento correcto. Cuando quería ver alguno, no siempre pasaba. Tuve que aprender a desarrollar mi vista.

El desarrollo de la vista

Cuando empecé a desarrollar mi clarividencia, practicaba haciendo lecturas para la gente, y en mi mente decía: *ángeles, por favor, muéstrense ante mí.* A veces mi oración era respondida, pero la mayoría de las veces no lo era. Sin embargo, las cosas eran distintas si cerraba los ojos pero seguía dándole la cara a la persona que le estaba haciendo la lectura. Entonces veía una luz, un color, una silueta o, aún mejor, un ángel ahí parado.

Creo que todos hemos visto a nuestros ángeles. Antes de venir a la Tierra nuestra alma estaba conectada con nuestro ángel. El problema es que, a pesar de que la conexión todavía está presente, nos sentimos separados de nuestro ángel porque no podemos verle. He encontrado que recordar, creer e incluso simplemente confiar en que somos uno mismo junto con estos seres divinos, permite que los veamos una vez más.

Pasos pequeños

Dar pasos pequeños es la mejor manera de ir hacia adelante. Esto es porque a muchas personas les encanta la idea de ver a los ángeles, pero en el fondo de su mente tienen sus dudas o hasta les parece atemorizante. Cuando empecé a desarrollar mi clarividencia, también tenía esas dudas, pero finalmente se convirtió en la parte más emocionante y llena de propósito de mi vida.

El aura y los chakras

Un gran punto para empezar a desarrollar la clarividencia es ver el aura. Recordarás que ésta es la energía psíquica que rodea a todo ser viviente. Es casi como un espejo, un espejo del alma. Contiene información sobre la vida de una persona: su pasado, su presente y en lo que se está centrando ahora, que es lo que va a crear su futuro. Lo mejor acerca del aura es el hecho de que está conectada con los ángeles.

Nuestro ángel guardián está tan cerca de nosotros que en realidad está parado en nuestra aura, y una vez que comencemos a ver nuestra aura, con el tiempo su aura también se pondrá de manifiesto. Emocionante, ¿no?

Sin embargo, antes de que empecemos la práctica de ver ángeles y auras, es importante abordar el tema de la visión psíquica. Vemos psíquicamente por medio de un proceso de *sintonizar* nuestra energía. La manera en que yo lo hago es mediante la visualización de los centros de energía específicos de mi cuerpo que me permiten percibir el cielo. Quizá ya hayas oído hablar de estos centros. Se llaman los chakras.

Los chakras

Chakra es una palabra sánscrita que significa *rueda*, y se utiliza para describir un punto de energía espiritual en el cuerpo. Hay siete chakras principales que recorren desde la base de la columna vertebral hasta la parte superior de la cabeza. Cada uno tiene conexiones tanto físicas como no-físicas.

- El primer chakra se encuentra en la base de la columna vertebral. Se le conoce como Muladhara, que significa *apoyo de raíz*. Este chakra es de color rojo y está conectado con nuestros fundamentos, tales como nuestro hogar, nuestra familia, nuestras finanzas y nuestra zona de confort.

- El segundo chakra se encuentra justo debajo del ombligo y se le conoce como Svadisthana, que significa *el propio lugar de uno mismo*. Este centro, el chakra sacro, es de color naranja y está conectado con nuestro sistema reproductor y nuestros órganos sexuales.

· El tercer chakra se encuentra en nuestro estómago y se le conoce como Manipura, que significa *lugar de las joyas*. Este chakra es amarillo y está conectado con nuestra fuerza de voluntad, nuestro impulso y nuestra energía.

· El cuarto chakra se encuentra en nuestro centro del corazón y se le conoce como Anahata, que significa *sin haber sido golpeado*. Este chakra es verde y está conectado con nuestra capacidad de dar y recibir amor.

· El quinto chakra se encuentra en el área de la garganta y se le conoce como Vishuddha, que significa *lugar puro*. Este chakra es azul y está conectado con nuestra comunicación y nuestra capacidad de hablar con integridad.

· El sexto chakra se encuentra entre las cejas y se le conoce como Ajna, que significa *orden*. Este chakra, el tercer ojo, es de color añil. Está conectado con nuestra mente y nuestra percepción, y gobierna nuestra capacidad de ver con clarividencia.

· El séptimo chakra se encuentra en la parte superior de la cabeza y se le conoce como Sahasrara, que significa *loto de mil pétalos*. Este chakra, la corona, es violeta. Está enlazado con nuestras conexiones y creencias espirituales.

Ejercicio: Activación de tu visión psíquica

Tu visión psíquica se rige por el sexto chakra, conocido como Ajna o centro del tercer ojo. Cuando quieras activar tu clarividencia, debes abrir este chakra como una puerta. A través de esa puerta verás el cielo y los mundos espirituales.

- Abrir el centro de tu tercer ojo es sencillo. Todo lo que tienes que hacer es cerrar los ojos e imaginar que estás rodeado por una luz de protección dorada.

- Visualiza en tu mente a tu ángel guardián parado detrás de ti. Velo parado con sus alas alrededor de ti para que estés seguro y protegido.

- Cuando hayas hecho esto, visualiza un ojo entre tus cejas. Este ojo es más grande de lo normal y está cerrado.

- Con el poder de tu mente, ve cómo se abre.

- Con tus propios ojos todavía cerrados, toma nota de tu tercer ojo: su color, cómo luce.

- Cuando tu tercer ojo esté abierto, también puedes abrir los otros ojos. Fíjate en cómo ves el mundo que te rodea; puede ser un poco distinto.

Una vez que hayas probado algunos de los siguientes ejercicios psíquicos, es superimportante cerrar tu tercer ojo (ver página 130).

Ejercicio: Ver el aura

Ver el aura, como tal vez era de suponer, implica contemplar el aura de alguien. Puedes practicar con un amigo, o hasta con una mascota, sólo para darte una idea de su energía.

- Haz que tu amigo (o la mascota) se siente en una silla, idealmente frente a un fondo blanco o neutro, y cierra los ojos.

- Debes centrarte. Imagina tu propia luz a tu alrededor y a tu ángel guardián detrás de ti.

- Una vez que te sientas relajado y concentrado en tu respiración, abre los ojos y mira hacia donde está tu amigo. Permítete contemplarlo sin parpadear; casi debes mirarlo fijamente. Para empezar yo siempre observo su centro del tercer ojo y me permito entrar en un trance ligero.

- Mientras lo miras, quizá veas una luz que se proyecta desde su cuerpo o incluso veas un color que le rodea.

- Haz esto durante unos momentos y luego comparte tus experiencias y anótalas en tu diario para consulta futura.

Una alternativa

Si te parece que ver el aura de esta manera es bastante difícil, hay otra forma. Lo que hago si no puedo ver el aura es preguntar algo como «Si el aura de la persona fuera de algún color específico, ¿de qué color sería?», entonces veo un destello de ese color en mi mente. Confía en el primer color que te llegue.

Puedes utilizar la técnica de ver el aura para *ver a los ángeles*. Por ejemplo, digamos que estás practicando con tu amigo, entonces puedes seguir exactamente el mismo procedimiento, sólo que esta vez retienes la intención de ver a su ángel guardián en lugar de ver su aura.

Todo responde a la *intención*, así que confía en todo lo que veas o llegue a través de ti.

Tu imaginación

Tu imaginación es tu amiga cuando se trata de desarrollar tus sentidos psíquicos. Sólo sigue haciéndote preguntas como: «Si ahorita hubiera un ángel parado detrás de mí, ¿qué aspecto tendría?», o haciendo declaraciones como: «Si hubiera un ángel con mi amigo [nombre] en este momento, luciría como...», o incluso: «Si el aura de mi mascota ahorita tuviera un color, éste sería...», y permite que tu imaginación pinte un retrato en tu mente. ¡Así es como desarrollas tu visión psíquica!

Información sobre colores

Cuando empieces a mirar auras o a ver las auras de los ángeles, podrás empezar a recopilar información que sea relevante para ti y para todo aquel con quien estés trabajando.

He aquí un poco de información sobre los colores que verás y lo que pueden representar:

Rojo

Aura: Bases, fuerza, valor, apoyo financiero, seguridad.
Mensaje de los ángeles: Tu ángel guardián te está trayendo fuerza para apoyarte en todas las áreas de tu vida, en particular en cuanto a la seguridad y las necesidades materiales.

Rosa

Aura: Amor, cariño, cuidado materno, paz.
Mensaje de los ángeles: Tu ángel quiere que sepas que eres amado incondicionalmente, y si te das cuenta de esto, romperás las barreras que te están limitando en la vida.

Naranja

Aura: Entusiasmo, creatividad, movimiento, dejarse llevar.
Mensaje de los ángeles: Tu ángel guardián está trayendo armonía y paz a tu mundo para que puedas dejarte llevar.

Amarillo

Aura: Alegría, felicidad, energía, fuerza de voluntad.
Mensaje de los ángeles: Tu ángel guardián te anima a realizar lo que te haga feliz. Esto te ayudará a sentirte fuerte y poderoso de nuevo.

Verde

Aura: Generosidad, sanación, emociones, perdón.
Mensaje de los ángeles: Tu ángel guardián te está trayendo sanación y apoyo para ayudar a que te sientas bien y equilibrado.

Azul

Aura: Comunicación, apertura, verdad, independencia, libertad, emociones.
Mensaje de los ángeles: Tu ángel guardián quiere que sepas que no estás solo y que está bien ser emotivo.

Turquesa

Aura: Enseñanza, aprendizaje, naturaleza.
Mensaje de los ángeles: Tu ángel guardián quiere que veas cada experiencia difícil como una experiencia de aprendizaje.

Añil

Aura: Habilidades psíquicas, soñar, lógica, atención plena.
Mensaje de los ángeles: Tu ángel guardián te está enviando mensajes a través de sueños, señales y visiones. Mantén la mente abierta y confía en tus instintos.

Violeta

Aura: Espiritualidad, conciencia, Dios, inteligencia, una mente fuerte.

Mensaje de los ángeles: Tu ángel guardián quiere que sepas que eres un alma vieja. Nunca estás separado de Dios y eres más inteligente de lo que crees.

Magenta

Aura: Sincronización divina del tiempo, paciencia, conexión intuitiva con lo divino, vidas pasadas, crecimiento espiritual.
Mensaje de los ángeles: ¡Tu ángel guardián quiere darte las gracias por ser un ángel en la Tierra y un puente hacia el amor! ¡Eres un trabajador de la luz!

Blanco

Aura: Pureza, pensamientos divinos, santidad, intenciones positivas.
Mensaje de los ángeles: Tu ángel guardián quiere que sepas que tus intenciones positivas están funcionando. ¡Síguelas teniendo!

Plateado

Aura: Protección espiritual, arcángeles, dones especiales.
Mensaje de los ángeles: Tu ángel guardián te está enviando dones especiales. Cobra conciencia de las coincidencias, ya que han sido sincronizadas por ángeles.

Dorado

Aura: Oraciones, pensamientos iluminados, conexión profunda con lo divino, dones espirituales.
Mensaje de los ángeles: ¡Tus oraciones han sido escuchadas y pronto recibirás las respuestas!

Ejercicio: Ver tu propia aura

Ver tu propia aura es una gran experiencia. Con frecuencia lo hago mientras estoy acostado en la cama por la mañana. Cuando nos acabamos de despertar a veces estamos un poco más conscientes de lo habitual. Esto se debe a que estamos relajados y acabamos de venir del mundo de los sueños.

- La próxima vez que te despiertes, levanta la mano por encima de tu cara y contémplala.

- Mira tu dedo medio, pero permítete entrar en un ligero sueño/trance mientras contemplas, y comenzarás a ver que tu aura se tornea alrededor de tu mano.

- Una vez que hayas visto esto, cierra los ojos al instante y ve qué colores giran por tu mente. Estos son proyecciones de tu aura y de los ángeles que te rodean.

Cerrar tus ojos psíquicos

Desconectar tus sentidos psíquicos es muy importante. Te permite conservar tu energía y no quedarte vulnerable ante las energías errantes, sobre todo cuando estás dormido.

Ejercicio: Cerrarse

Para cerrar tus sentidos psíquicos sólo tienes que seguir a la inversa los pasos que ya seguiste para abrirlos:

- Cierra los ojos y ve a tu ángel guardián detrás de ti, con tu luz dorada de protección por todo tu alrededor.

- Luego, utilizando el poder de tu mente, cierra tu tercer ojo. Mira cómo se cierra el párpado para que apagues tus sentidos.

- Luego, en tu mente, tómate un tiempo para compartir tu gratitud con los ángeles por todo lo que has recibido.

Este último punto es muy importante. A los ángeles les encanta que les den las gracias. Absolutamente les fascina cuando aprovechas la oportunidad para darles las gracias por tus experiencias con ellos y por todo lo que has aprendido.

Ser agradecido también es una gran manera de hacer que el universo sepa que estás obteniendo algo a partir de una experiencia en particular. Entonces el universo te proporcionará más experiencias como esa. ¡Por eso siempre es genial terminar cada experiencia de ángeles con las gracias!

RESUMEN

- La clarividencia es la capacidad psíquica de ver cosas que están más allá del mundo cotidiano.

- Todos somos capaces de percibir ángeles.

- Los ángeles son energía pura, pero se presentan en una forma con la cual nos podemos identificar.

- El aura es la energía psíquica que nos rodea.

- Nuestro chakra del tercer ojo es la clave de la clarividencia.

Capítulo 10

Escuchar a los ángeles

Familiarízate con los ángeles y míralos frecuentemente en espíritu; pues sin ser vistos, están presentes contigo.

SAN FRANCISCO DE SALES

E scuchar a los ángeles o sintonizar sus voces es, probablemente, el sentido psíquico más útil de desarrollar. Ser capaz de cerrar los ojos y hablar hacia tus adentros con tus ángeles es hermoso, pero escuchar una respuesta es totalmente maravilloso. A veces sólo cierro los ojos y les pido a los ángeles su apoyo o su opinión acerca de algo y escucho una voz que dice con palabras directas sí o incluso no, pero otras veces la respuesta va más allá de una sola palabra y es más amoroso que lo que las palabras pueden describir.

«Clariaudiencia» es el término para poder escuchar psíquicamente, y es un don maravilloso. Me siento muy afortunado por experimentado una y otra vez en mi vida. La voz de mi ángel guardián es tan clara que, cuando me permito escucharla, logra tener el efecto que más cambia la vida.

Tomarse el tiempo para escuchar

Nuestros ángeles hablan con nosotros todo el tiempo. Siempre que enviamos una oración hacia la dirección donde están, sinceramente creo que envían de regreso una solución, y a menudo eso es a través de la voz. Pero cuando nuestra cabeza está llena de la basura del día o tenemos el televisor a un volumen alto o, aún más importante, cuando no creemos tener el talento suficiente como para escuchar a los ángeles, bloqueamos sus voces divinas.

Tus ángeles quieren que sepas que tienes el don y que están contigo. Te hablan seguido y quieren que escuches. Las primeras veces que los oigas quizás enfrentes dudas, pero cuando realmente *escuches*, la conexión mejorará más y más.

Piensa en la última vez que les enviaste a tus ángeles una oración o una petición. La mandaste y luego la dejaste en sus manos, ¿verdad? Eso está perfectamente bien, pero pregúntate: «¿Me tomé un tiempo para sintonizarme con la respuesta?» Existe una gran probabilidad de que no lo hayas hecho.

Me enfrento todo el tiempo a gente que dice: «¿Por qué no puedo ver o escuchar a los ángeles?» o «¿Cómo puedo mejorar mi conexión?» Es sencillo, tómate un tiempo para escuchar. Medita. Ábrete. Está presente.

La conexión con los ángeles sucede ahora. No mañana, no en la próxima clase de desarrollo psíquico, no cuando estés sobre el tapete para hacer yoga. Tu práctica es ahora, empieza este segundo, ¡vamos a hacerlo! Cada vez que pospones meditar o sintonizar la voz de tu ángel, estás atrasando tu propio crecimiento. La gente suele preguntarme por qué tuve todo desde tan joven, pero la realidad del asunto es que hice el trabajo. Claro, era niño y no tenía tantas responsabilidades como tú, pero meditaba todos los días durante al menos cinco minutos. Me conectaba a diario con mis cartas de ángeles. Aproveché cada oportunidad para escuchar.

La voz de tu ángel será sutil. Puede sonar como la tuya. Pero como hemos comentado anteriormente, no es la única manera en que se comunican. Usarán todo lo que puedan para llegar hasta ti: canciones, recuerdos o incluso conversaciones que escuches en la televisión o el radio, y reproducen los mensajes en tu mente para que puedas escucharlos o compartirlos si es que has hecho una petición a nombre de alguien más.

Al principio, cuando escuches la voz de un ángel, podría parecer como si te la estuvieras imaginando. De hecho, los ángeles utilizarán tu imaginación para conectarse contigo. La imaginación es maravillosa, como lo aprendimos en el capítulo anterior, debido a que los ángeles influirán en ella para que podamos percibirlos.

«¿Qué diría o haría un ángel?»

Una técnica que siempre utilizo en mi propia práctica con ángeles es pensar como ellos. Si me enfrento a una decisión o pregunta difícil, me pregunto: «¿Qué diría o haría un ángel?» Como los ángeles son amor total y absolutamente incondicional, ¡es obvio que va a ser la decisión correcta!

Ejercicio: Pensar como los ángeles

Tómate un momento ahora mismo para unirte a mí, y hacerte algunas preguntas:

· Si fueras un ángel que sólo pudiera ver amor y alegría cuando miraras este planeta y a su gente, ¿qué te dirías a ti mismo justo ahora? Anótalo o escríbelo en tu teléfono. Haz lo que puedas para expresarlo, sácalo.

· Si tu ángel guardián tuviera un mensaje sencillo y amoroso para ti justo ahora, ¿cuál sería?

· Si tu ángel tuviera para ti tres palabras clave que fueran positivas, tres palabras que te ayudaran a conectarte con él, ¿cuáles serían?

· Si el ángel tuviera un mensaje acerca de una preocupación, una angustia o algo que en este momento te resulte difícil, ¿qué crees que te diría que hicieras?

· Anota todas estas impresiones y estos pensamientos; que queden por escrito. Luego vuélvelos a leer. Estarán inspirados en la voz de tu ángel.

¿Cómo obtuviste estos mensajes? Quizá recibiste impresiones, te sentiste de alguna manera en particular, tuviste cierto pensamiento o escuchaste una voz dentro de tu cabeza, tal vez una voz que titubeara un poco al principio, pero que con el tiempo llegara al grano... ése es tu ángel guardián que se comunica a través de tu mente. ¡Escucha a tu ángel! Felicidades, ¡ya lo estás haciendo! ¡Y creo en ti!

Enfrentar las promesas del ego

Trabajar con los ángeles es maravilloso. Realmente lo es. El único problema importante es enfrentarse con el ego. Mira, el ego no sólo puede hacerte dudar de que lo que estás escuchando sea cierto, también puede hacer falsas promesas. Sé de primera mano lo que el ego puede hacer. Puede hacer todo tipo de promesas y jurarás que estás escuchando la orientación divina. Es muy importante que aprendas cómo detectar lo que es la orientación divina y lo que es el ego que trata de jalarte hacia el materialismo.

No voy a mentir, mi ego me ha estorbado muchas veces, especialmente en los primeros años. Una de las promesas más grandes del ego es: «Haz esto y te harás rico». O puede decir: «Renuncia a tu trabajo, múdate para acá y me aseguraré de que se paguen tus deudas». Pero simplemente no funciona así. Todos tenemos derecho a ser empresarios, pero hacer el trabajo es un requisito. Y, claro, los ángeles vienen y nos animan a dar un salto, pero se mueven a pequeños pasos. No les interesa el materialismo y no quieren que te centres exclusivamente en las cosas materiales, pero te ayudarán a estar cómodo si aprendes la importancia de compartir lo que tienes.

Tus ángeles traen mensajes que son positivos y cambian la vida, pero no te obligan a hacer nada que sea descabellado y loco. A veces su mensaje es tan sencillo y tan fácil que lo pasas totalmente por alto. ¿Quizá sea porque tienes la mente en otras cosas...? Un mensaje que con frecuencia escucho por parte de la gente es: «Mis ángeles me han dicho que escriba un libro sobre sanación». Siempre me siento fascinado y quiero escuchar más. Luego, cuando me entero de que la persona en cuestión está en quiebra, de que sus relaciones se están desmoronando y que apenas acaban de aprender Reiki, sé que no es verdad. ¡Lo que a sus ángeles realmente les encantaría sería que primero aprendieran a ayudarse a sí mismos! Si quieres ser un gran autor célebre con ventas exitosas, pero no has trabajado en tu propia vida, no eres una persona íntegra, estás viviendo en un mundo ilusorio. Yo no hubiera compartido la sabiduría y las técnicas que hoy estoy compartiendo si no las hubiera practicado; ¿cuál sería el objetivo?

Otro mensaje que escucho a menudo es: «Mis ángeles me han dicho que renuncie a mi trabajo porque estoy rodeado de personas negativas». ¡Bueno, es una equivocación! Los ángeles para empezar no creen en llamar negativa a ninguna persona; ven a todos como si fueran amor. Sin embargo, hay una gran posibilidad de que la persona que afirme esto sí esté experimentando negatividad, porque 1) en primer lugar, cree que es posible; 2) la está atrayendo a través de sus propios pensamientos y acciones; 3) tiene un patrón de dejar un lugar de trabajo negativo y trasladarse hacia otro.

Tus ángeles no te dirán quién es negativo y quién te está obstaculizando ¡porque la realidad es que eres tú! Pero creerán tanto en ti, que con su ayuda podrás convertir la situación más horrible y difícil de tu vida en una que sea positiva. Para hacer eso, sin embargo, hay que rendirse ante ellos y seguir su orientación.

La voz de tu ángel nunca va a juzgar. Tampoco te dirá que renuncies. ¡Te animará a quedarte, a concentrarte, a actuar con amor y a creer! Cuando escuches este mensaje, sabrás que es orientación angelical. Y cuando sea hora de cambiar algo, tu ángel te mostrará el camino. Te ayudará a moverte hacia adelante, pero primero va a asegurarse de que tu estado mental sea el correcto.

Cuando escucho las voces de los ángeles y comparto su mensaje con la gente, con mucha frecuencia no es lo que quiere escuchar. Casi siempre quiere que le diga que es una persona especial divina con una misión sagrada, ¡cuando la realidad es que todos tenemos una misión sagrada! Todos estamos aquí para regresar hacia el amor, para ser amor. Es así de simple. Cuando alguien quiere que le diga: «Vas a ganarte la lotería, ser una estrella de *rock*, ser una figura famosa», y así sucesivamente, lo que quiere es la información incorrecta. Si tienes un don especial para compartir con el mundo, los ángeles te ayudarán a canalizarlo, pero no te mostrarán un atajo ni te permitirán sacar a alguien del camino.

Por esto es importante escuchar con atención y discernir lo que es orientación y lo que no lo es. Acuérdate de no dejarte engañar por las falsas promesas de tu ego, pues en algún momento del camino sin duda te las hará. Si la orientación parece difícil, por ejemplo, «envíale amor a tu jefa», cuando tu jefa te está molestando, tal vez sea orientación divina. ¡Los ángeles quieren que te centres en el amor! Si la «orientación» es «dile a tu jefa que es una vampira psíquica», entonces sabes que tu ego es el que está hablando. Así es como detectas la diferencia. Confía en mí, lo entenderás pronto.

Sintonizar la voz divina

Para conectarnos con los ángeles tenemos que sintonizar su frecuencia. Yo uso una técnica visual junto con la meditación para hacerlo. Me imagino como si fuera un radio y visualizo el hecho de ajustar mi selector interno para poder sintonizar sus mensajes. Puedes probar esto más adelante (ver página 141).

Al principio, sintonizar la voz de tus ángeles quizá no sea fácil, pero se logrará al paso del tiempo. La clariaudiencia es como un músculo. Si un músculo no se utiliza, es casi como papilla; si es sometido a largas sesiones de entrenamiento duro, se vuelve fuerte. Esto es lo que tienes que hacer para conectarte con los ángeles: entrenar tu músculo psíquico para que con el tiempo siempre puedas sintonizar su frecuencia.

Mi conexión con los ángeles ahora es fuerte y puedo sintonizarla casi en cualquier momento. No siempre se presenta con cosas como los códigos postales o los números telefónicos de la gente, pero sí proporciona orientación sencilla y sincera que me ayuda a mantenerme alerta.

Hace dos veranos, tuve que acceder a la orientación de mis ángeles en una forma que nunca antes lo había hecho. Estaba con mis dos mejores amigos, Scott y Teri, en el cine. Habíamos pasado una noche magnífica, pero de camino a casa, alrededor de las 10 p.m., Scott recibió un mensaje perturbador en su teléfono. Un chico que había conocido recientemente a través de amigos en común, le envió un mensaje de texto mientras estábamos en el cine para decirle que estaba harto de la vida y se iba a suicidar.

Scott entró en pánico, pues nunca antes había experimentado nada parecido, y decidió llamarle. Para cuando había marcado más de cinco veces sin recibir respuesta, ya se sentía realmente preocupado por el bienestar del muchacho.

Teri también se estaba empezando a preocupar. «Todos sabemos lo que ha dicho... ¿Y si no se lo contó a nadie más y somos su único contacto, las únicas personas que podríamos convencerlo de detenerse?».

Al ver su página de Facebook, leímos: «Adiós». Eso fue publicado más de dos horas antes.

Yo sabía que los ángeles podían ayudar, así que decidí meditar. Cerré los ojos y le di la bienvenida a su luz dorada. Los sentí cerca y les pedí que revisaran cómo estaba el joven.

Me dijeron claramente: «Está vivo y está bien. Está sentado frente a su computadora. Mándale amor. No ha habido intentos de suicidio. ¡Vivirá!».

Les dije a mis amigos que confiaba en mis ángeles más que en nadie y que la orientación era clara y directa. Sentí como si el muchacho hubiera estado pidiendo a gritos ayuda, amor y, sobre todo, atención. Les dije que confiaran en mí respecto a esto.

Al día siguiente, ¡el muchacho estaba subiendo publicaciones a su página de Facebook como si nada hubiera pasado! Mis amigos entonces supieron que lo que yo había escuchado había sido claro y verdadero.

Esto también demostró que los ángeles ni siquiera juzgarían a alguien que sólo estuviera buscando atención por medio de falsas alarmas. Sólo entregan el mensaje y te lo dejan para que decidas qué sucedió después. Le envié pensamientos de amor al joven y sé que actualmente sigue vivo y está bien.

Ejercicio: Avisarles a los ángeles cómo estás

Puedes avisarles a los ángeles cómo estás en cualquier momento dado, pero para empezar puede ser mejor en la mañana antes de iniciar tu día o combinarlo con tu práctica de meditación. Una vez que te acostumbres a hacerlo, lo podrás lograr en cualquier momento.

Como inicialmente puede ser difícil confiar en lo que escuchas, quizá sea útil tener un diario por ahí cerca o incluso en tu mano mientras escuchas los mensajes. Si escribes lo que escuchas, o una lista con puntos destacados breves, podrás mirar hacia atrás y ver qué tan precisa fue la información.

Al igual que con el desarrollo de nuestra clarividencia, podemos utilizar una técnica para abrir nuestros canales a fin de escuchar la voz de nuestros ángeles. He aquí cómo hacerlo:

- Cierra los ojos.

- Visualízate como si estuvieras inmerso en la luz.

- Mira a tu ángel guardián, que está parado detrás de ti.

- Siente que se acerca a ti.

- En el fondo de tu cabeza, visualiza un selector de radio.

- Maneja este selector con el poder de tu mente.

- Ve cómo se detiene en la palabra ángeles.

- Ahora estás en sintonía con la frecuencia de los ángeles.

- Mira cómo desde tus oídos brilla una luz dorada, ¡ve cómo sale brillando directamente desde ellos!

- Confía en la sabiduría divina que escuches.

- Di: «¡Gracias por haberme revelado lo que necesito saber, mis ángeles!».

- Concéntrate en tu respiración y escucha atentamente. Puedes mantener los ojos cerrados o abiertos mientras lo haces. Anota todo lo que escuches.

- Quizá también quieras hacer preguntas como «¿Cuál es el siguiente paso?», o al pensar en una preocupación en especial, «¿Es éste el paso correcto para mí?» Confía en lo que sea transmitido.

- Si se te complica oír cualquier cosa, concéntrate en tu centro amoroso y siente cómo los ángeles se acercan a ti. Si hablaran contigo en este momento, ¿qué dirían? ¿Cómo crees que sería su orientación? Si fueran a utilizar tu imaginación para comunicarse contigo en este momento, ¿qué dirían? ¡Confía en esto!

- Para desconectarte, dales las gracias a tus ángeles por todo lo que has recibido.

- Mira cómo va bajando en intensidad la luz de tus oídos.

- Visualiza el selector del radio, hasta que marque «apagado».

- Ve que salen raíces de tus pies, penetran el suelo y entran profundamente en el núcleo de la Tierra.

- Abre los ojos.

Avisarle a un amigo cómo estás

Mientras estés desarrollando tus habilidades psíquicas, definitivamente es buena idea tener un amigo con un modo de pensar similar al tuyo y a quien puedas avisarle cómo estás. Tal vez estés desarrollando tus habilidades al mismo tiempo que alguien que conozcas o, mejor aún, tal vez tengas a la mano a alguien que sea un poco más experimentado que tú. Si se te está dificultando confiar en tu orientación o no estás seguro de si lo que estás escuchando sea correcto, ¿por qué no confesárselo a alguien en quien puedas confiar?

Me alegro de tener muchos amigos con un modo de pensar similar al mío y una madre especialmente psíquica con quienes puedo hablar acerca de una orientación específica. A menudo escucho algo y lo cotejo de nuevo con mi amiga psíquica Diane, o ella me llama y me pregunta algo. Esto me da la oportunidad de asegurarme de estar trabajando para mi propio bien más elevado y para el de los que me rodean. Es magnífico establecer este sistema.

Señales

Otra gran manera de saber si lo que estás escuchando es de parte de tus ángeles, es pidiéndoles una señal. Si te envían un recordatorio de su presencia, no mucho tiempo después de que hayas recibido alguna orientación, es su forma de decir que lo que escuchaste es correcto.

Sin embargo, ¡a veces no necesitas pedir una señal, porque te envían muchas de ellas una vez que empiezas a confiar y a seguir su orientación! Recientemente me enviaron una señal cuando estaba en Londres por motivo de negocios. Había dudado en hacer un viaje de dos horas por tren hacia un pueblo que nunca había visitado para dar una presentación. Tenía un resfriado, estaba cansado y sólo me quería ir a casa. En el fondo de mi mente me podía oír a mí mismo diciendo: «No le quedes mal a nadie, Kyle». En ese momento les avisé a los ángeles cómo estaba y escuché: *Ve al espectáculo. Será una bendición.* Así que decidí ir.

Llegué demasiado temprano para tomar mi tren, entonces pensé en ir a tomar un café mientras esperaba. Entré y pedí mi bebida favorita y, al hacerlo, noté que el gafete con el nombre del chico que me estaba atendiendo tenía escrito «Ángel» con letras grandes. En ese instante supe que todo iba a estar maravilloso.

Esa noche estuve parado ante 200 personas en un pequeño pueblo al sur de Inglaterra. Uno de los mensajes que llegaron fue transmitido por la misma voz que yo había escuchado ese día en la estación. La oí decir: «Estamos aquí para hablar con la mujer que ha perdido a tres hijos». Cuando volteé desde donde estaba hacia el lado izquierdo del público, compartí el mensaje en su totalidad: que yo me pararía directamente enfrente de una mujer que había tenido problemas con el embarazo, específicamente por haber perdido tres hijos.

Una mujer ubicada a tres filas de donde yo estaba parado me saludó con la mano. Podía entender el mensaje.

Mientras la miraba, apareció un ángel, un ángel femenino vestido de colores nacarados tan blancos y puros como las perlas. Tenía una larga cabellera rubia que fluía y era como un ángel salido directamente de una película. Al mirarla, oí claramente: *Un nuevo hijo viene en camino. Muchas veces ha tratado de llegar hasta esta madre que lo merece.*

Nosotros, los ángeles, queremos que sepa que todo está a salvo y bien. Por favor haz que lo sepa.

Le transmití las palabras al público tal y como me fueron dichas, y muchos de nosotros quedamos conmovidos hasta las lágrimas.

La señora estaba agradecida y feliz. Luego se puso de pie y dijo: «Esto es muy cierto. He tenido muchas dificultades para tener hijos y nos dimos por vencidos en cuanto a la posibilidad de tener más. Adoro a los dos que ya tengo ahora. Pero tengo algo que compartir, algo que ni siquiera mis amigas que están conmigo saben. ¡Llevo ocho semanas de embarazo!».

Todo el público se alborotó y aplaudió. Fue algo increíble de ver. Les pedí a todos que cerraran los ojos conmigo mientras oraba por un embarazo positivo y edificante para la señora, pues los ángeles sabían que era una madre digna y merecedora. ¡Qué milagro! Fue una experiencia bendita, tal y como me lo habían dicho.

Ejercicio: Captar mensajes angelicales para un amigo

Después de avisarles cómo estás y de hacer una conexión con los ángeles para ti mismo, es hermoso sintonizarte para un amigo. Ofrecerle a un amigo el amor y apoyo por parte de los ángeles que recién descubriste es una experiencia única. No sólo te brindará un poco más de experiencia en cuanto a «avisar cómo estás», también te permite compartir. A los ángeles les encanta cuando compartimos. Además, si realizamos un acto de servicio para otra persona, esto ilumina el mundo de esa persona y crea una ola de bondad, y esta ola lleva mucho amor a su vida y a las vidas de aquellos que le rodean.

- Coordínate para que tengas un poco de tiempo a solas con tu amigo. Asegúrate de tener pluma y papel a la mano en caso de que quieras anotar cualquier cosa que escuches o recibas.

- Toma las manos de tu amigo y cierra los ojos.

- Dales las gracias a los ángeles por estar presentes.

- Imagínate una luz dorada que se mueve por encima como remolino y pasa por encima de ustedes dos.

- Ajusta tu selector del radio hasta que marque *ángeles*.

- Simplemente piensa: *Si los ángeles tuvieran un mensaje para [nombre de tu amigo], sería...* y luego confía en lo que se transmita.

- Puedes escuchar el mensaje y luego decirle lo que oíste o darle el mensaje palabra por palabra. Incluso puedes detenerte de vez en cuando para escribir lo que has recibido y después compartirlo.

- Luego pídeles a los ángeles tres palabras clave que puedas compartir con tu amigo. Quizás escuches palabras como «paz», «amor», «equilibrio», «establece prioridades», «adelante», «cree»... y así sucesivamente. Comparte lo que sientas que estas palabras pudieran significar para tu amigo.

- Después de esto, podrías hacer en tu mente cualquier pregunta que tu amigo tenga para los ángeles.

Observa cómo te va; esto puede tomar algún tiempo, ¡pero al menos inténtalo!

· Cuando hayas terminado, pide retroalimentación.

· Dales las gracias a los ángeles y ciérrate.

RESUMEN

· Cada vez que pedimos ayuda, un ángel ya nos está susurrando la solución.

· Podemos avisarles a los ángeles cómo estamos para garantizar que una experiencia sea adecuada para nosotros.

· Los ángeles usan todas las formas de audio para comunicarse con nosotros.

· Cuando seguimos nuestra orientación, las señales bendecirán nuestro camino.

· A los ángeles les encanta cuando compartimos.

Capítulo 11

Sentir a los ángeles

Los ángeles guardianes de la vida a veces vuelan tan alto que están fuera del alcance de nuestra vista, pero siempre están observándonos.

JEAN-PAUL RICHTER, ESCRITOR

¿Alguna vez simplemente has sabido algo y no tienes idea de por qué? A mi madre le gusta decir: «Lo puedo sentir en mi agua». Donde sea que lo sientas, reconocerás esa sensación al entrar a una sala y saber que se ha dado algún tipo de drama hostil. O cuando entras en un lugar donde todo el mundo está sonriendo y celebrando y no puedes evitar unirte...

A la capacidad de sentir emociones, sentir a los ángeles y al espíritu se le llama psicometría, y significa *sentimiento-claro*. Muchas personas dicen que hay un cuarto sentido psíquico de saber, pero sinceramente siento que puede estar en la misma categoría de la psicometría.

La psicometría llega muy fácilmente si nuestra energía y nuestras emociones son claras. Sin embargo, cuando estamos manchados por dificultades, agravios y rencores del pasado, estos se interponen entre nosotros y nuestra capacidad de sentir la energía que nos rodea.

Sentir la presencia de los ángeles es la experiencia divina más indescriptible. Tengo instalado de manera permanente este sentimiento en mi vida y es absolutamente hermoso. En lo profundo del núcleo de mi vientre tengo la sensación de que hay más energía que me rodea, que la que los sentidos humanos pueden entender.

Es un sentimiento que va más allá del cuerpo, pero realmente puede darnos en la panza. Creo que la psicometría se relaciona con nuestro corazón y nuestro plexo solar. Todos sabemos cómo se siente tener una corazonada, y esto es exactamente lo que es: una sensación de conexión con nuestro corazón y nuestra alma, con el fin de percibir la energía de una situación.

Sentir la energía de tus ángeles es un entrenamiento de la mente, es enfocar tu fe y confiar en que están contigo, y permitir que esa sensación de confianza te guíe hacia el siguiente paso. Sin embargo, puedes sentirlo también con las manos.

Trabajar con las manos para sentir

Yo uso las cartas de ángeles en mi práctica diaria y creo que los ángeles me animan a elegir las que son adecuadas para mí al permitirme sentirlos. Enseño esto como parte de mi curso de lectura de cartas de ángeles. Lo que hago es que animo al grupo a practicar el hecho de poner su mano izquierda (la mano más cercana al corazón) por encima de la baraja para ver si siente una corriente de aire, un hormigueo o una sensación que haga que quiera detenerse. Dondequiera que se detenga es donde debe elegir la carta.

Anteriormente en el libro hemos aprendido cómo darle sanación de ángeles a un amigo a través de nuestras manos, y espero que ya hayas podido hacerlo, pues simplemente te permite darte más idea de la experiencia de sentir.

Tus manos son poderosas y cuentan tu historia. Si ves a alguien mientras habla, generalmente usa sus manos de una u otra manera. Nuestras manos pueden sentir, pueden sanar y nos conectan directamente con el corazón. Tomarse de la mano es un acto de amor, las parejas de casados usan anillos en las manos para simbolizar su amor y la gente se muerde las uñas de las manos cuando está nerviosa. Las manos son una hermosa parte del cuerpo y me fascinan.

Me he dado cuenta de que podemos usar nuestras manos para sentir nuestra propia aura, y que también pueden ayudarnos a sentir la historia, las emociones y la orientación angelical de otra persona. También puedes pedirle a tu ángel guardián que te deje sentir su energía sutil a través de tus manos. He aquí algunos ejercicios para probar.

Ejercicio: Sentir el aura

· Frota tus manos, la una con la otra, durante todo un minuto para sensibilizarlas.

- Levántalas, a la altura de los hombros, con las palmas viendo una a la otra.

- Permítete experimentar la energía y el hormigueo o cualquier otra sensación que sientas entre las manos.

- Junta tus manos en el centro del corazón y acércalas y aléjalas la una de la otra, pero no permitas que se toquen.

- Cobra conciencia de la energía a través de la cual te deslizas, tocas y sientes.

- Ahora cierra los ojos y continúa acercando y alejando una palma de la otra.

- Retira tus manos pero imagina que se siguen acercando y alejando. Siente esa energía; permite que vaya más allá de lo físico.

- Entonces, en tu corazón, debes saber que todo lo que te rodea es energía. Eres energía, y tus amigos, tu familia, tus mascotas y tu hogar están llenos de energía.

- Tómate un tiempo para sentir la energía que te rodea por completo, utilizando tus sentidos internos.

Sentir la energía y las emociones de alguien

He encontrado que es más fácil acceder a la energía de los demás con el fin de traerles orientación de los ángeles, y si logras conseguir la habilidad en cuanto a ellos, la tendrás también para ti mismo. En muchos sentidos, todo este libro te ha llevado a ser capaz de sintonizar para ti mismo y para los demás, y ésta es la mejor manera de aprender, practicando en todos los niveles posibles.

Sin embargo, si le das orientación a alguien más y no estás siguiendo la orientación que se te ha dado a ti, no estás en el espacio adecuado para desarrollarte aún más. Sólo debes transmitirle orientación a alguien más si tú mismo estás siguiendo la tuya propia, es lo justo.

Un verdadero canal espiritual es una persona íntegra. Entonces, date por vencido si no sabes la respuesta y vive de manera congruente con lo que dices. Si le dices a alguien que haga algo y tú mismo no lo sigues, te estás engañando tanto a ti mismo que acabarás por frenar tu crecimiento.

Con esto en mente, ahora puedes llevar el hecho de sentir con tus manos al siguiente nivel: puedes acceder a la energía de alguien y sentir cómo se siente. Ésta es una de las cosas más lindas que puedas hacer, porque le facilitas a alguien un espacio para que hable de sus emociones en un ambiente seguro y positivo.

Ejercicio: Sentir

Junto con un compañero, ve a algún lugar donde no los molesten. Explícale que estás desarrollando tus habilidades y promete no darle nada más que sinceridad.

Antes de conectarte para él, es importante que te pongas una luz de protección, así que visualízate a ti mismo como si estuvieras bañado en una luz dorada y en tu mente observa a tu ángel guardián parado detrás de ti.

- Una vez que hayas hecho esto, abre los ojos y toma las manos de tu compañero.

- Simplemente pregúntale: «¿Me podrías dar permiso de sentir tus emociones, tu corazón y a tu ángel, por favor?».

- Cuando diga «sí», entonces mentalmente di algo como «gracias, ángel de [nombre de la persona], por acercarte a mí y permitirme sentir y entender sus emociones y cualquier mensaje que tengas para él».

- Luego cierra los ojos y concéntrate únicamente en tu respiración y respira. Cualquier cosa que sientas, sólo dila. Cuéntale a la persona cada pensamiento que tengas y acerca de cada emoción que sientas. Si de repente sabes algo, díselo.

- Después siente con tu corazón lo que el ángel quiere transmitirle a la persona. ¿Sientes amor, armonía, paz, energía sanadora? Dile lo que estás recibiendo.

- Es bueno cerrar los ojos, obtener un dato, compartirlo, luego empezar de nuevo y seguir adelante.

- Cuando sientas que has llegado al final, pide retroalimentación y ve si la persona tiene alguna pregunta.

- Si una pregunta es formulada, sólo dísela en tu mente al ángel y siente si hay una respuesta. Podrías obtener una buena sensación o podrías sentirte raro. Eso está bien. Simplemente dile todo a la persona.

- Dale las gracias internamente al ángel y luego imagina una espada que cae y separa tu energía de la de la otra persona.

· Bebe un poco de agua para centrarte.

Tu centro para *sentir*

Puede requerirse cierto tiempo para que domines sentir desde el interior. Comenzar con las manos es lo mejor. Sencillamente, un día todo se volvió comprensible para mí. Creo que fue porque tengo una imaginación vívida y podía visualizar en mi mente cómo se vería y se sentiría algo. Y cuando lo compartía, siempre resultaba ser acertado.

El chakra del plexo solar, el intestino, es muy fuerte. Es aquí de donde creo que proviene todo sentimiento. Es el centro que gobierna nuestra fuerza de voluntad, nuestra asertividad y nuestro ánimo para actuar.

He notado que si este centro de energía está fuera de equilibrio, puede afectar nuestra capacidad de sentir correctamente, así que es importante equilibrarlo. Sabrás si tu plexo solar está fuera de equilibrio porque las dificultades físicas o mentales estarán presentes en tu vida. Tus patrones de sueño generalmente estarán desordenados, quizá te estés dando atracones de alimentos que sean pesados, estarás cansado, tu mente va a pensar de más todo el tiempo, tendrás miedo del siguiente paso en tu vida y te sentirás como si necesitaras controlar los planes del día que tienes por delante. Quizá también tendrás problemas digestivos, te sentirás hinchado o mal o tendrás frustración/ira incontrolable.

En este momento no te hará ningún daño asegurarte de que tu plexo solar esté equilibrado. Me encanta hacer esto simplemente porque me encanta el brillo del sol. ¿El brillo del sol? Bueno, como el plexo solar hace referencia a la energía solar, ¿qué mejor energía para equilibrar este centro que el sol?

Ejercicio: Atraer al sol

- Siéntate en el piso con las piernas cruzadas y la espalda recta, o en una silla con los pies en el piso.

- Visualiza el sol que brilla luminosamente por encima de ti.

- Deja que su luz bañe todo tu cuerpo con energía positiva.

- Dale las gracias al sol por estar ahí y ser tu fuente de energía.

- Visualiza que se acerca más y más a tu cuerpo.

- Por último, llega tan cerca que él y tu cuerpo se vuelven uno solo.

- Baja por tu cabeza, cara, barbilla y cuello.

- Sigue bajando por el pecho, y llega más abajo del corazón.

- Descansa justo por encima de tu ombligo.

- Su luz brilla luminosamente desde el centro de tu estómago.

- Tu plexo solar ahora está equilibrado con luz y energía.

- Utiliza la afirmación: *Estoy lleno de la luz del sol. ¡Soy luz!*

Abrir tu centro del corazón

Como los ángeles son seres divinos de amor, es muy importante que hagas que tu energía esté disponible para esa esencia. Tu centro del corazón es el espacio que está conectado con tu capacidad para dar y recibir amor, y creo que los ángeles usan este espacio para que podamos acceder a su orientación amorosa y su apoyo.

Si has tenido problemas para dejar que entre el amor, el siguiente ejercicio te ayudará. Fomenta la sanación angelical en el lugar que más importa para que realmente puedas acceder al amor como energía y permitir que florezca en tu vida. Saber acerca de los ángeles y de su amor por ti quizá ya haya tenido un efecto sanador en tu vida, pero cuando les permites entrar en tu corazón, la orientación permanece ahí para ti.

Creo que conectarse con los ángeles es una especie de iniciación. Es darles permiso para que se conecten contigo y bendigan tu corazón con sus rayos sanadores divinos. Al permitirles entrar a tu corazón, les entregas tu confianza y emites una invitación espiritual para que desplieguen sus milagros dentro de tu vida. Abrir tu corazón no sólo puede ayudarte con tu desarrollo espiritual, también te ayuda a traer cambios positivos a tu vida personal.

Si te han herido o decepcionado en el pasado, hay una gran probabilidad de que hayas permitido formarse una barrera alrededor de tu corazón. Esto no sólo puede ser un obstáculo para la ayuda angelical, sino también para que entre el amor en sí. Cuando los ángeles se acercan a ti, te animan a abrir tu corazón y a sentir de nuevo. Es una cosa hermosa ser capaz de dejar que entre el amor, porque definitivamente es lo que te mereces.

Ahora es el momento de abrir ese corazón tuyo para que puedas sentir a tu ángel cerca de ti.

Ejercicio: Abrir tu corazón

· Di esta oración:

Gracias, ángeles, por eliminar las barreras que rodean a mi corazón. Ahora estoy listo y abierto para recibir su amor y apoyo. Conforme se abre mi corazón, me equilibro, le doy la bienvenida al amor para que entre y comparto amor de una manera que no requiere esfuerzo. Reconozco que el amor es lo que soy, y que es el propósito de mi ser. De ahora en adelante estoy abierto y receptivo ante las experiencias amorosas. Y así es.

· Coloca tus manos sobre tu corazón, con la mano derecha puesta sobre la izquierda.

· Cierra los ojos y respira hacia tus manos.

· Al hacerlo, permítete relajarte y sentir tu corazón.

· Visualiza luz sanadora color esmeralda que fluye desde el cielo a través de tu cabeza y hacia tu centro del corazón.

· Mira pasar esta luz por cada área de tu corazón y llevarse cualquier resentimiento antiguo, temor o agravio que estés guardando ahí.

· Visualiza cómo la luz toca las barreras de tu corazón y las rompe para que sean eliminadas.

- Conforme se eliminan las barreras, aparece ante ti un ángel. Te envuelve por completo con sus brazos y sus alas, y vierte el amor de su ser en ti.

- Permítete aceptar esta sanación, este amor, esta luz que te ayuda a percibir el mundo de una manera distinta y completamente positiva.

- Cuando estés listo, dale las gracias al ángel y abre los ojos.

Invitar a tu ángel a acercarse a ti

Para sentir la presencia de tu ángel, debes invitarlo a acercarse a ti. Se requiere tener el estado de ánimo adecuado y contar con una energía equilibrada para realmente permitir que la experiencia se desarrolle.

Hay algo muy reconfortante en el hecho de saber que tu ángel está ahí. Para estas alturas ya deberías tener idea de quién es tu ángel, cómo luce y, con suerte incluso, cómo es que te habla. Ahora tienes que juntar todos estos aspectos y utilizar todos tus sentidos psíquicos para darte una idea de cómo se siente cuando tu ángel está cerca.

Seguir practicando los distintos ejercicios que hemos visto hasta ahora te ayuda, y si puedes trabajar para mejorar tus habilidades con una pareja o un grupo de amigos y recibes retroalimentación y apoyo, mucho mejor.

Puedes atraer a tu ángel para que se acerque a ti de varias maneras. Yo prefiero usar la oración y la meditación para realmente permitir que su energía se una a la mía. Aquí está un ritual con una vela.

Ejercicio: Un ritual con una vela para darle la bienvenida a tu ángel guardián y que se acerque a ti

Las velas son mágicas. Siempre he creído que cuando encendemos una vela para establecer una intención o decir una oración, la llama lleva la energía de ese pensamiento hasta que se apaga.

Las velas siempre han tenido una estrecha relación con los poderes psíquicos y la clarividencia, así que pensé que sería una linda experiencia para ti si enciendes una vela y meditas ante ella para que puedas trabajar en el desarrollo de tus sentidos espirituales, y a la vez atraer a tu ángel para que esté cerca de ti.

Necesitarás una vela, por supuesto. Cualquiera sirve, pero recomiendo tener una gran vela tipo pilar o una vela larga que llegue al nivel de tus ojos para que puedas contemplarla directamente. Si eso va a ser un problema, puedes mirar hacia abajo y contemplar una vela de té si es necesario.

- Apaga la mayoría de las luces y pon la vela frente a ti de modo que descanse de manera segura sobre un plato a prueba de fuego. Yo prefiero contemplar una vela en mi altar y me siento con las piernas cruzadas delante de él. Nota: si parpadeas mientras contemplas, está bien. Sólo vuelve a ponerle atención a la llama.

- Contempla la llama de la vela y deja que su luz dorada te recorra.

- Establece en tu mente la intención de que quieres atraer a tu ángel para que esté cerca de ti.

- Siente en tu corazón y en tu alma que te está envolviendo con su energía.

- Sigue contemplando la vela mientras visualizas que se abre el centro de tu tercer ojo.

- Conforme se abre el tercer ojo, siente cómo te sintonizas con la visión de tu ángel.

- Mírate mientras accedes a la voz de tu ángel, al tiempo que miras hacia la vela.

- Siente, ve y escucha su presencia.

- Mientras respiras de manera constante y profunda, permítete entrar en un trance ligero.

- Cuando pases de contemplar a mirar fijamente, cierra los ojos de inmediato.

- Pon atención a los pensamientos, mensajes, palabras o impresiones que lleguen hasta ti.

- Entonces di una oración silenciosa como: «Gracias, ángel. Estoy tan contento de que estés cerca de mí. Te dejo entrar en mi corazón. ¡Gracias por permanecer ahí!».

- Coloca las manos en el suelo a ambos lados de tu cuerpo y presiona firmemente para centrarte.

- Bebe un poco de agua y, tal vez, come algunas nueces o frutas para centrarte.

Con el tiempo se volverá automático que dirijas tu energía y tu concentración hacia tu ángel para poderlo sentir a tu alrededor, y a cambio de ello te llegará una hermosa sensación de seguridad y apoyo.

RESUMEN

- La psicometría es el don de sentir.

- Sentir las emociones de los demás nos ayuda a entender cómo sentir la energía.

- Sentir con nuestras manos nos ayuda a desarrollar la idea de sentir por dentro.

- Nuestro corazón y nuestro plexo solar son los centros donde sentimos.

- Podemos atraer a nuestro ángel para que esté cerca de nosotros y sentir su energía.

Capítulo 12

La construcción del puente

Los ángeles dan sustento a tu propósito recién nacido, el Espíritu Santo lo acaricia y Dios mismo lo protege.

UN CURSO DE MILAGROS

Ahora es momento de construir un puente hacia tus ángeles. Esto te permitirá abrirte ante su orientación en todos los niveles.

Oraciones poderosas

La oración es el puente que te permite hablar con los ángeles; es el medio de los milagros para enviar tus pensamientos, agradecimientos e intenciones al cielo. La oración es nuestra conversación franca con nuestros guardianes. Es el momento que elegimos para conectarnos. Yo creo que cuando oramos, creamos en nuestra mente un altar donde podemos comulgar con lo divino. Elevamos nuestras vibraciones y atraemos la luz dorada de los ángeles hacia nosotros como un imán.

La oración es hablar con el cielo. Es una llamada abierta; es una llamada en conferencia al cielo. Dios, los ángeles y nuestros seres amados que están ahí arriba comienzan a escuchar nuestros pensamientos y nuestras peticiones. Es a través de la oración que podemos pedir ayuda; es a través de la oración que podemos abrirnos ante esa ayuda y ante toda la abundancia que está ahí para nosotros.

Si quieres crear una conexión fuerte y divina con tus guías angelicales, es importante que les reces frecuentemente y les des las gracias por estar cerca de ti. Es a través de mi práctica diaria de oración que he descubierto el verdadero poder de mis ángeles.

Vibración

Todo en el universo es energía, y la energía en sí es una vibración. En la Tierra nuestra energía es de una frecuencia menor que la de los ángeles y el mundo de los espíritus, así que cuando queremos conectarnos con su energía, debemos elevar nuestra vibración. Es por ello que muchas personas no tienen experiencias espirituales cuando quieren, pues dependen de la vibración de su energía en ese momento. Tu objetivo como ser espiritual que vive en un mundo humano es mantener alta tu energía. Pero todos sabemos cómo se siente estar decaídos y agotados... ¿o no?

Piensa en un momento que hayas intentado probar una técnica espiritual, quizás una de este libro o de otro. Seguiste las instrucciones y estás disfrutando el proceso, pero uno de los miembros de tu familia se la pasa haciendo ruido en el piso de abajo y eso te está molestando. Tratas de mantener la concentración, pero puedes sentir que te hierve la sangre en la cabeza y gritas: «¡Cállate, estoy tratando de meditar!». Luego tratas de regresar a tu práctica, pero sencillamente no tienes ningún éxito...

La razón de esto es que cuando nos sentimos frustrados, enojados o molestos, bajamos nuestra vibración. De entrada, el ámbito angelical tiene una vibración mucho más elevada que la nuestra, y para mantenernos conectados con ella debemos aprender a conservar nuestra vibración y nuestras intenciones incluso en el lugar con más actividad. Todo está en poder encontrar una sensación de satisfacción y paz interior dondequiera que estemos.

Aprendí a hacer esto mientras pasaba un tiempo en Londres. Por medio de sentarme en el parque y meditar y orar con los ojos cerrados, aprendí a dejar que todo el mundo que me rodea simplemente sea. Cuando dejé de preocuparme por las sirenas, los ruidos y otras distracciones, me di cuenta de que podía abrirme ante mi sistema de orientación angelical. ¡Perfecto!

Elevar las vibraciones

Elevar tu vibración hasta el cielo es mucho más sencillo de lo que crees. Sólo es cuestión de alinearse con el amor. La manera en que lo hagas depende de ti. Pero tener un conjunto de actitudes, intenciones, imágenes, afirmaciones y pensamientos puede ayudar.

Pensamiento de seguridad

Ya que las leyes espirituales nos animan a saber que creamos todo lo que pensamos, o lo que lo que sea que sintamos afecta el siguiente paso, es importante tener algún pensamiento al cual recurrir y en el cual podamos confiar. Me encanta tener un pensamiento que me haga sentir seguro.

Mi pensamiento de seguridad es sencillo: cada vez que estoy abrumado, demasiado emotivo o estresado por algo, pienso en girasoles. A menudo pienso en el famoso cuadro de girasoles de Vincent van Gogh y lo recreo en mi mente. A veces pienso en un girasol erguido en un campo. En el centro del girasol hay una carita feliz y está asintiendo gracias a una brisa suave. Para cuando termino de pensar en el girasol, estoy feliz de nuevo.

El girasol desde entonces se ha convertido en mi símbolo espiritual, incluso compré mi última oficina debido a él. Al estar buscando un espacio que fuera perfecto para mí, ¡encontré uno con un girasol tallado en la cornisa del techo! Entonces supe que era para mí.

Puedes crear tu propio pensamiento de seguridad para mantenerte alineado con el amor y puedes utilizarlo en un sinfín de maneras diferentes. Por ejemplo, si le estás haciendo una lectura de ángeles a un amigo y estás confundido o embrollado, puedes enfocarte en tu pensamiento de seguridad para realinearte. Otra gran manera de utilizar tu pensamiento de seguridad es cuando piensas en lo peor acerca de una situación o cuando te distraes durante una meditación. Un pensamiento de seguridad es simplemente genial, sobre todo si es algo que te encanta y te resulta muy personal. Mis antiguos alumnos han tenido toda una variedad de pensamientos de seguridad. He aquí una selección:

- un recuerdo de la infancia
- la imagen de tu hijo
- un miembro de la familia que adores
- un corazón de amor gigante
- tu deidad favorita (como Ganesha, el dios elefante hindú que elimina los obstáculos)
- tu color favorito en la forma de un diamante o trián-gulo

Afirmaciones positivas

Las afirmaciones positivas son una maravillosa forma de mantener elevada tu energía. Las afirmaciones son decla-raciones. Son aseveraciones que haces con el fin de crear algo. Pueden basarse en el lugar donde ahora estás y en las bendiciones que ya tienes, pero también pueden traer increíbles estados de ser. Son el primer paso para crear una vida que te encante. Empieza a decirlas, incluso si no las puedes creer todavía. Con el paso del tiempo lo harás y, te lo prometo, ¡entonces verás! Ofrezco un surtido de afirma-ciones al final del libro (ver página 183), pero mientras tan-to, vamos a tomarnos un momento para decir esta amplia afirmación:

Soy amor. Soy el universo. Estoy unido con mis ánge-les y se siente muy bien. Mi cuerpo, mente y alma son uno, conectados con todo lo que es y todo lo que llegará a ser. Me apoyo a mí mismo, estoy apoyado por Dios y me entrego a la energía amorosa que me rodea. Estoy rodeado por personas que reflejan mi energía. Soy armonioso, estoy en paz y estoy sereno. La luz llena mi cuerpo. Está bien, estoy bien y comparto esto con el mundo. ¡Estoy bendecido por estar en este viaje! Qué placentera es la vida. ¡Gracias, universo, gracias!

Tomarte un segundo para cambiar tu manera de pensar puede cambiar tu mundo, y puede ayudarte también a percibir el amor y apoyo de tus ángeles. Cuando nos sentimos decaídos es como si el cielo y su ayuda se apagaran. Cuando tomamos un momento para creer en ángeles, para saber que están ahí y para afirmarlo con nuestros pensamientos, intenciones, palabras y acciones, nos alineamos con ellos, elevamos nuestras vibraciones y nos convertimos en un puente hacia la luz que nos rodea.

La energía de *soy, estoy* o *me siento*

Cada vez que digas *soy, estoy* o *me siento* y luego una palabra, sobre todo una palabra relacionada con una emoción, el universo te escucha y te alinea con la energía de esa palabra. Entonces, si dices: «Me siento solitario», tu energía se convierte en un imán para la soledad; mientras si dices: «Soy tan bendecido», *y lo dices en serio*, les das la bienvenida, atraes y obtienes aún más bendiciones para tu vida.

Cada vez que dices soy..., estoy... o me siento..., *cobra conciencia* de tus pensamientos, tus emociones y lo que estás a punto de atraer hacia tu vida. La intención lo es todo, y es tiempo de tener intención de lo mejor. Cuando estás consciente de la grandeza de tu vida, tu poder y tu energía, esto extiende tu conciencia hasta los ángeles, hasta Dios y hasta la fuerza vital universal que eres.

Meditación

Si la oración es hablar, meditar es escuchar. Cada vez que te tomas un momento para meditar, les estás dando a tus ángeles otra oportunidad para compartir.

La meditación te alinea con el amor. Eleva tu energía. No sólo logras elevar tu vibración, vibras amor total.

La meditación es la herramienta más poderosa para el desarrollo de una conexión con tus ángeles. Ni siquiera tienes que ir a ningún lado ni escuchar un CD guiado ni visualizarte en el paraíso. Puedes sólo cerrar los ojos, concentrarte en tu respiración y simplemente dejarte ir, conforme recuerdas los puntos descritos a continuación.

Hacerles frente al ego y a la duda durante la meditación

El ego. Ese sistema interior de dudas puede interponerse en el camino de tu voz divina, tus ángeles y tus guías. No siempre es fácil sobreponerse a él, pero aquí están algunas técnicas que me han ayudado a ponerme en contacto conmigo mismo para sintonizar con los ángeles de nuevo.

Relájate

Es importante relajarse. La mejor manera de hacerlo es concentrarte en tu respiración y no tensar tu cuerpo.

Suelta

Cuando meditas, hay una gran posibilidad de que quieras toser, estornudar, llorar o quién sabe qué. No lo retengas. Suéltalo.

Afirmación

Prueba esta afirmación:

Es seguro para mí disfrutar de esta experiencia.

Mudras

Hay dos mudras (movimientos de yoga con las manos) que usaremos para dar apoyo a nuestras meditaciones.

- Jñana Mudra: posición tradicional de los dedos en la meditación; haces un signo de «okey» con los dedos, y permites que tus palmas miren hacia arriba.

- Mudra del puño cerrado: al llevar tus manos del Jñana Mudra hasta un puño cerrado, permites conectarte con los cinco elementos espirituales y realinear tu energía.

¡No odies, medita!

Esa palabra que empieza con «O» es demasiado fuerte. Es una palabra negativa que se basa en el miedo. Cuando pienso en cómo luce el «odio», veo chapopote negro caliente que se pega a mi piel, y no se supone que debería estar ahí. La palabra se usa comúnmente en este mundo, pero yo la evito porque no quiero ser esa palabra. Cada vez que escucho a alguien decir «yo odio», me he acostumbrado a la rutina de pedirle que me diga qué es lo que *ama*.

Ten conciencia de que tus palabras son muy importantes. Podemos cambiar nuestras intenciones, pero tenemos que poner cuando menos cinco cosas positivas en su lugar para anular, soltar y eliminar nuestra intención inicial.

Ejercicio: *Me encanta...*

· La próxima vez que te escuches diciendo «yo odio», cierra los ojos y cobra conciencia.

· Luego medita sobre algo que te guste.

· Medita sobre cinco cosas que te gusten.

¡Esto va a cambiar tus pensamientos e intenciones y te ayudará a concentrarte en lo que tienes, no en lo que no tienes o en lo que te desagrade!

RESUMEN

· El universo es energía.

· Para conectarnos con los ángeles debemos elevar nuestra vibración.

· La oración es una forma poderosa de conectarse.

- La meditación es la máxima herramienta para escuchar.

- Una afirmación es una declaración que crea el siguiente paso en nuestro camino.

Capítulo 13

Caja de herramientas angelical

Un ángel puede iluminar nuestra mente y pensamientos mediante el fortalecimiento del poder de la visión.

SANTO TOMÁS DE AQUINO

A fin de abrirnos ante los ángeles, necesitamos un conjunto de herramientas espirituales. Esto incluye pedir protección, sintonizarse y salirse de sintonía, recibir orientación, limpiar nuestra energía y equilibrar nuestros sentidos.

Protección psíquica

Proteger nuestra energía es vital en cualquier trabajo de desarrollo espiritual. Cuando nos abrimos, nos abrimos ante toda la energía que se mueve a nuestro alrededor y en ocasiones habrá energía difícil que tengamos que encarar. ¿Alguna vez has estado en un espacio donde ha habido una discusión o donde las personas no se estén llevando bien? Sentado ahí mientras es posible, sientes que la cabeza se te pone pesada y adolorida y te sientes cansado y agotado. Así es como se siente enfrentar la energía difícil.

Las personas también pueden ser agotadoras. Tal vez ya estés consciente de eso, sobre todo si pasas mucho tiempo con el público en general o con quienes son especialmente demandantes en cuanto a lo emocional. Estoy seguro de que sabes cómo es tratar con alguien que se la pasa hablando de su vida, su pasado, sus problemas con su relación, sus preocupaciones financieras y demás. Si has estado ahí, sin duda sabes cómo se siente estar agotado...

Por lo tanto, lo primero que debes hacer antes de realizar cualquier trabajo psíquico o espiritual es crear una energía de protección. Lo hicimos anteriormente al visualizar una luz dorada que nos rodeaba, y se me han ocurrido aún más técnicas que puedes usar. Incluso puedes inventar las tuyas propias, sin importar lo que sea, si hace que te sientas seguro y protegido, entonces sin duda funcionará.

Visualiza una capa dorada

Una de las técnicas que utilizo es imaginarme llevando puesta una capa dorada. Permito que la luz dorada rodee todo mi cuerpo y hasta me pongo el gorro si lo necesito para saber que estoy a salvo y protegido.

Visualiza espadas que te rodean

Éste es mi máximo ritual de protección. Lo uso si estoy tratando con personas difíciles, empresas de televisión, públicos grandes o firmas de libros. Es bastante sencillo: visualizo espadas que me rodean y dan hacia afuera. No me imagino sólo una o dos, estoy hablando de 20 o más, y las veo flotando y girando a mi alrededor. Siempre que se acerca cualquier energía difícil o negativa, las espadas la cortan.

Visualiza una hoja de acero

Tratar de desconectarse de una persona difícil nunca es fácil, en especial si sientes que te agota emocionalmente. Siempre encuentro que en presentaciones y firmas de libros hay una o dos personas paradas abrumadoramente cerca de mí. Siempre hago mi mejor esfuerzo por dar un paso atrás, pero si la gente vuelve a acercarse, hago esto para cambiar las cosas: visualizo una enorme hoja de acero que cae entre nosotros, justo como se ve en las películas cuando alguien trata de robar el banco, y una gran barrera baja enfrente del cajero para protegerlo. Permito que la hoja me proteja y desconecte mi energía de quien sea que me esté retando. Funciona todas las veces. En ocasiones, mientras esto ocurre digo en mi mente: «Soy libre».

Oración de protección del Arcángel Miguel

El Arcángel Miguel probablemente se convertirá en uno de tus mejores amigos si te metes en estos asuntos de ángeles. Puedes invocarlo en cualquier momento para que te traiga seguridad y protección. Usa esta oración de protección al inicio de tu día o incluso llévala anotada en un papel para que puedas tener acceso a su fuerza en cualquier momento.

Gracias, Arcángel Miguel, por rodearme con tu luz protectora y tu fuerza. Estoy a salvo y protegido, escudado y fuerte. Se siente tan bien saber que vas atrás de mí.
¡Y así es!

Cortar los cordones

Anteriormente mencioné cortar los cordones. Cuando cortamos los cordones, liberamos, soltamos y nos desconectamos de cualquier energía agresiva, lazos emocionales y bloqueos que se estén interponiendo en el camino de nuestra paz interior.

Cortar los cordones es fácil, pero también puede ser extremadamente emotivo. Cuando somos liberados emocional y espiritualmente de un lazo que nos ha estado frenando, puede ser un enorme alivio para nuestro corazón y nuestra alma.

> **Ejercicio: Corte de los cordones**

Para cortar los cordones debes ser capaz de permanecer relajado y presente durante la meditación.

El proceso es muy sencillo:

- Visualízate bañado por una luz dorada de protección.

- En tu mente, permítete cobrar conciencia de cualquier bloqueo, lazo o situaciones de tu pasado que sientas que se interponen entre tú y la paz.

- Permite que estas situaciones, personas y lugares se conviertan en listones envueltos firmemente alrededor de ti.

- En tu mente, mira un hermoso ángel dorado que viene hacia ti con una enorme espada de luz en la mano.

- Tan pronto la espada toque un listón, el listón se desintegra. Mira cómo la espada corta a través de todos los listones. Los cordones se han cortado. Te han soltado. Eres libre.

- Tómate un tiempo para sentir el poder de tu libertad.

- Dale las gracias al ángel y abre los ojos.

- Para finalizar la ceremonia de cortar el cordón, di esta oración:

¡Gracias, ángeles y Arcángel Miguel, por cortar los cordones que me atan a personas, lugares y situaciones! ¡Estoy a salvo y soy libre! ¡Y así es!

Limpiar la energía

Habrá momentos en los que sientas que tu energía necesita una buena limpieza, ¡eso está muy bien! Cuando nos abrimos ante los ángeles siempre estamos conectados con el amor, pero las vibraciones de la gente con la que nos conectamos en la vida pueden influir y hacen que nos sintamos decaídos.

Hago lecturas como mi trabajo de tiempo completo, y a veces, después de un largo día me llego a sentir cansado y agotado. En ocasiones ni siquiera es debido a la energía negativa, únicamente es por baja energía. Me he dado cuenta de que el cuidado de mi cuerpo, mente y alma es muy importante y hago distintos rituales para todos ellos.

Baños de sal

¡Me encantan los baños! Todos son maravillosos, pero hay un tipo de baño que realmente puede ajustar y limpiar tu energía: ¡los baños de sal de mar! Así es, darte un agradable baño relajante con sales de mar puede tener el efecto más asombroso. Una de mis queridas amigas psíquicas, Diane Etherson, todo el tiempo se da baños de sal del Mar Muerto. Se acaba bolsas de esto para asegurar que su energía y sus chakras estén «brillantes», como ella diría. Mi favorita es la sal del Himalaya. Me encanta un baño de sal del Himalaya, siempre me revitaliza.

Ejercicio

El ejercicio definitivamente alinea tu espíritu. Durante muchos años, mi cuerpo estuvo en tan mala forma que cuando empecé a cobrar conciencia de ello y a hacer más ejercicio, las cosas realmente se modificaron. No hay un estilo de ejercicio en particular que yo pueda recomendar, pero puedo decir que debes esforzarte en ello, nada de cosas a medias. ¡Muévete y siente cómo se alinea tu espíritu!

Yoga

El yoga ha sido mi máximo salvavidas. Me ha permitido enfocarme, no sólo en mi cuerpo y mi respiración, sino también en Dios. Cuando estoy sobre mi tapete puedo sentir que mis ángeles dan vueltas a mi alrededor. Incluso he visto ángeles que están apoyando y amando a la gente que cuidan cuando he ido a clases públicas.

El yoga une el cuerpo, la mente y el alma y esto nos ayuda con el desarrollo angelical porque nos volvemos más conscientes, y realmente eso es lo que está faltando cuando no experimentamos a estos seres. Disfruto las clases más dinámicas de Ashtanga, ya que no hay manera de que te distraigas si estás tan concentrado en tu cuerpo, tu alineación, tu respiración y el paso a la siguiente postura.

Sahumerio de salvia

Los palos de salvia están disponibles en la mayoría de las tiendas espirituales. Esta técnica de los nativos americanos es una forma altamente recomendable de limpiar tu aura y tus chakras. Lo único que haces es prender la salvia (la salvia blanca es la mejor) y dejar que se queme. Luego, con una pluma grande, un ventilador o hasta con la mano, diriges el humo alrededor de tu aura de pies a cabeza.

He descubierto que hacer esto para ti mismo puede ser difícil, por lo cual también es una gran manera de conectarse con un compañero. Limpias sus vibraciones y él a cambio limpia las tuyas. Me encanta hacer esto y lo he hecho al principio de los talleres. ¡Siempre es divertido también!

Sintonizarse

Sintonizarte es lo que debes hacer al conectarte con tu ángel o con el ángel de la otra persona. Es el proceso que atraviesas para elevar tu energía, abrir tus sentidos psíquicos y darles permiso de comunicarse a los ángeles. Sintonizarte a fin de cuentas crea el puente entre ti y el ámbito angelical. Me sintonizo al inicio de mi práctica de meditación, cuando estoy leyendo cartas de ángeles para mí mismo u otra persona o cuando estoy llevando a cabo alguna especie de plática en público. Es mi forma de ser un canal abierto para al amor y los ángeles.

Ya te has sintonizado de distintas maneras a lo largo del libro. Has abierto tu tercer ojo, tus oídos y, por supuesto, los centros sensitivos del corazón y el plexo solar. El siguiente proceso reúne todo esto y lo abre como si fuera uno solo. Lo puedes utilizar si te parece que se siente bien, o puedes crear tu propia forma de sintonizarte. Lo que sea que te haga pensar *estoy adentro* es el mejor camino para ti.

Ejercicio: Sintonizar

· Cierra los ojos y visualiza una luz dorada por encima de ti.

· Mira cómo la luz recorre todo tu ser.

- Visualiza a tu ángel guardián parado detrás de ti, con sus alas envolviéndote en una luz de protección.

- Visualiza que tu corazón se abre y frecuencias de amor se vierten hacia adentro y hacia afuera.

- Mira cómo se enciende tu plexo solar como la energía del sol, para representar tus intenciones positivas y tu fuerza de voluntad.

- En el fondo de tu cabeza, visualiza un selector de radio hasta que indique ángeles.

- Ve cómo tus oídos vierten luz para representar el hecho de escuchar a los ángeles hablar.

- En medio de tus cejas, visualiza un ojo que se abre y brilla luminosamente.

- Permítete conectarte con los ángeles.

- En este momento puedes solicitar orientación, realizar tu práctica de meditación o conectarte para otra persona. Deja que fluya.

Dejar de sintonizar

Así como sintonizar es importante para establecer una conexión, dejar de sintonizar también lo es. Garantiza que no te dejes a ti mismo muy abierto ante las emociones, la energía y la información que está flotando por todas partes. Es un acto de amor propio. Me aseguro de hacerlo todos los días, y si se me olvida, lo hago antes de acostarme.

Ejercicio: Dejar de sintonizar

Para dejar de sintonizar, sólo invierte los pasos de la siguiente manera:

- Mira cómo se cierra y va desapareciendo el centro del tercer ojo.

- Visualiza tu corazón cerrándose, no por completo, pero lo suficiente para evitar que sientas demasiadas frecuencias.

- Ve cómo el selector del radio que está en el fondo de tu cabeza indica apagado.

- Dales las gracias a tus ángeles, dale las gracias a Dios y dale las gracias al universo por todo lo que has recibido.

- Visualiza raíces que salen de tus pies, penetran el suelo y entran profundamente en el núcleo de la Tierra.

- Abre los ojos y conéctate con tu entorno.

RESUMEN

- Es importante utilizar protección psíquica para mantenerte a salvo.

- Limpiar tu energía mantiene abiertos y despejados tus canales.

- El ejercicio y el yoga mantienen abierta y receptiva tu energía.

- Tener un cuerpo sano te ayuda a tener una práctica espiritual sana.

Oraciones y afirmaciones

Crear energía positiva a diario y darles la bienvenida a tus ángeles para que entren por medio de las afirmaciones y la oración es la mejor manera de reforzar el vínculo que hayas formado con ellos. Asegurarte de que tu energía esté enfocada en el amor, de que les hayas dado permiso a los ángeles para que estén presentes en tu camino y de estar abierto ante su orientación, es una experiencia maravillosa.

Mi autora favorita, Louise Hay, dice que vivimos nuestro día de acuerdo a la forma en que lo empecemos, y eso realmente es cierto. Cuando les damos la bienvenida a los ángeles al inicio de nuestro día y nos abrimos ante ellos, les permitimos vivir nuestro día con nosotros.

Al inicio de cada día les doy la bienvenida a los ángeles para que entren. Los hablo en mi camino hacia la oficina y a lo largo del día. Les doy las gracias por ayudarme a atravesar el tránsito, mantenerme a salvo y ayudarme a trabajar con amor puro e integridad en mi corazón. Es un placer compartirte una selección de oraciones y afirmaciones para los ángeles, que puedes utilizar para desarrollar tu conexión con ellos.

Oraciones

Una oración matutina

Buenos días, queridos ángeles.
Gracias por mantenerme a salvo.
Se siente tan bien empezar este día con ustedes, y saber que hay una paz profunda dentro de mi corazón, que se me refleja de vuelta a lo largo de mi día.
Gracias por recordarme su presencia y por enviarme su apoyo.
¡Por la gracia de Dios estoy bendecido, y sé que viajo por este camino con ustedes, mis amigos!
¡Y así es!

Una oración para la clarividencia

Gracias, queridos ángeles, por despertar mi vista para que pueda verlos y sentirlos claramente.
Les permito abrir mi energía para que no pueda percibir nada más que la verdad y la energía amorosa que me rodea.
¡Me alineo con el amor y la paz, y permito que mi energía se eleve hasta llegar a la de ustedes!
Estoy contento y bendecido porque los veo, y mis ojos están abiertos.
¡Y así es!

Ceder el día

Querido universo y queridos ángeles, les cedo mi día, y sé que ahora sólo están pasando cosas buenas y que sólo hay experiencias pacíficas ante mí.
¡Y así es!

Una oración para sanar

Gracias, ángeles de la sanación, por pasar sus rayos sobre todo mi ser.
Estoy bendecido, pues sé que el médico divino ha colocado sus manos sobre mí, y ha enviado a su legión de ángeles para regresarme a la salud.
¡Estoy a salvo, fuerte y bien!
¡Y así es!

Una oración vespertina

Gracias, ángeles divinos, por rodearme ahora que me preparo para dormir.
Gracias por eliminar cualquier energía que no necesite estar aquí, mientras hago un espacio para un sueño agradable y profundo que regrese a mi cuerpo y mi energía a un equilibrio natural.
Me siento a salvo porque sé que me protegen mientras duermo.
Que el mundo sea bendecido por su luz.
Y así es.

Afirmaciones

¡Las puertas siempre están abiertas en mi carrera, con los ángeles que marcan el camino!

Estoy rodeado tanto por ángeles como por ángeles de la Tierra. ¡Es una dicha!

Mi salud es mi riqueza. ¡Los ángeles sanadores han bendecido mi cuerpo, mente y alma! Estoy a salvo.

¡Estoy protegido por la luz y el amor de los ángeles!

Los ángeles están parados frente a mí, a mi lado y detrás de mí. ¡Sólo el amor puede superar su luz!

¡Permito que la energía de mi corazón se abra, al tiempo que les permito a los ángeles del romance que dirijan mi vida amorosa!

Preguntas y respuestas

Para los curiosos, he aquí una selección de las preguntas más frecuentes sobre los ángeles.

Si los ángeles existen, ¿existen también los ángeles malos o caídos?

A menudo me preguntan si existen los «ángeles caídos», y mi respuesta siempre es un «no» rotundo. Se mencionan en los textos religiosos, pero todavía no he tenido alguna experiencia con un ángel que haya caído de la gracia. Para creer en los ángeles caídos tenemos que creer en la existencia del mal, y yo creo que sólo hay amor o temor. El amor eterno es mi enfoque. Si crees en el mal, puedes a la vez crear experiencias malvadas, pero la verdad del asunto es que no es más que una ilusión. Los ángeles existen, los ángeles caídos no.

¿Mi ángel me conoció durante una vida previa?

Si has tenido alguna vida previa, tu ángel definitivamente veló por ti en ese entonces. Creo que antes de que siquiera llegáramos hasta nuestra existencia actual, nuestra alma se unió con nuestro ángel. Es por eso que conectarse con ellos es una experiencia tan bellamente familiar. Es casi como la forma de nuestra alma de decir me acuerdo.

¿Los ángeles te pueden dejar?

Tu ángel guardián no te puede dejar y, sin importar lo malo que creas ser o qué decisiones hayas tomado en tu vida, va a estar contigo. Si no puede alejarte de una situación difícil, te apoyará a lo largo de ella.

¿Atraemos a los ángeles hacia nosotros al leer acerca de ellos?

Cuando leemos acerca de los ángeles, *definitivamente* los acercamos más a nosotros. Si seguimos viendo la palabra ángeles, y ellos nos escuchan leerla en nuestra mente o en voz alta, siempre van a ser atraídos hacia nosotros. He escuchado cientos de historias sobre gente que ha tenido experiencias con ángeles mientras leía mis libros, en especial mi primer libro, *The Angel Whisperer* (El ángel que susurra). Mucha gente dijo que podía ver una luz azul que salía de las páginas, y una mujer me escribió para decir que el de ella había producido plumas; simplemente salían de las páginas. ¡Guau!

Cuando obtienes una pluma blanca por parte de tu ángel, ¿se supone que debes guardarla?

A muchas personas les gusta guardar estas plumas, pero llegará un punto, tras interesarte por los ángeles durante cierto tiempo, en el que se te va a acabar el espacio. Yo simplemente me tomo el tiempo para decir: «Gracias, ángeles, por esta señal asombrosa», y luego dejo que la pluma se vaya. Si quieres, puedes guardar las que sean significativas. La pluma que cayó del libro que leí hace todos esos años aún sigue ahí adentro. Sin embargo, los ángeles no quieren que nos apeguemos demasiado a las cosas materiales, es por eso que está bien dejar que sus plumas se vayan.

¿Podemos tener más de un ángel en particular?

A todos nos es brindado un ángel guardián, pero eso no significa que no podamos tener dos. Siempre hay más de un guía angelical que trabaja con nosotros, y a veces he visto dos o tres con mis clientes. Es importante mantener sencillas las cosas y construir una relación con un guía a la vez, pero otros se revelarán ante ti conforme vayan trabajando contigo.

Los ángeles que te ayudan con una tarea o una etapa en particular pueden seguir su camino cuando ésta se haya completado, pero es para permitir que tú también sigas tu camino, al saber que has sanado esa parte de tu vida.

Esto me recuerda una vez durante mi iniciación como maestro de Reiki, cuando un ángel llegó hasta mí y me dijo que él estaría trabajando conmigo en la energía Reiki de ahí en adelante. Fue una experiencia surrealista, pero distintos ángeles vienen hacia nosotros a medida que crecemos espiritualmente y nos volvemos más conscientes.

Una reflexión final

Así que aquí estamos al final del libro. Espero que te haya gustado aprender cómo tener acceso a tus ángeles y que puedes aprovechar su apoyo y orientación en tu vida. Lo que hagas con esto depende de ti. Cuando empecé, le dediqué absolutamente cada momento libre a los ángeles y al desarrollo psíquico. Me uní a un círculo de meditación semanal y medité la mayoría de los días. Aprendí todo lo que pude acerca de la historia de los arcángeles y, si no sabía algo, entraba en sintonía y preguntaba.

Lo mismo ocurre en la actualidad. Tengo una práctica espiritual diaria. Estudio *Un curso de milagros*, practico yoga y leo mis propias cartas de ángeles todos los días. Mi vida son los ángeles y es una vida hermosa.

Lleva a los ángeles contigo a dondequiera que vayas. Van a estar contigo sin importar lo que hagas, ya sea que trabajes dentro del mundo corporativo o del sector de servicio, ¡incluso si eres chef! Los ángeles no quieren convertirte en un loco abrazador de árboles, pero sí quieren que te conectes con quien eres y vivas una vida llena de amor. Permíteles que sean tus guías para que puedas disfrutar de esta travesía.

Como dice *Un curso de milagros*: *Enseña solamente amor, pues eso es lo que eres.*

¡Tienes mi amor y mis bendiciones!

Información

Libros

Angel Inspiration, Diana Cooper (Hodder & Stoughton, 2004). Con este libro tuve la experiencia de buen presagio. Estaba acostado en la cama, en busca de esperanza, y una sola pluma blanca cayó del libro.

A New Light on Angels, Diana Cooper (Findhorn Press, 2009). La versión ajustada y actualizada de *A Little Light on Angels*, el primer libro sobre ángeles que leí.

The Big Book of Angels, Wendy Schuman (Hinkler Books, 2003). Me encontré este libro en una tienda de segunda mano y sin duda es mi libro favorito sobre ángeles. Comparte una colección de historias de gente de todos los ámbitos de la vida: rabinos, sacerdotes, predicadores y más, incluyendo a Doreen Virtue.

The Lightworker's Way, Doreen Virtue (Hay House, 2004). El viaje espiritual y el descubrimiento de los ángeles de Doreen es una revelación poderosa, inspirada y profunda para vivir una vida con propósito. He leído este libro en incontables ocasiones.

Angels: a very short introduction, David Albert Jones (OUP Oxford; edición reimpresa de 2011). Me encanta este pequeño libro acerca de la teoría y la historia de los ángeles. Sin duda es muy bueno, si deseas información más académica.

Archangels and Ascended Masters, Doreen Virtue (Hay House, 2004). Este libro muestra quién es quién en el cielo; excelente para los terapeutas y para tenerse a la mano si trabajas profesionalmente con los ángeles.

Crystal Healing, Simon Lilly (Element, 2002). Es uno de mis primeros libros espirituales, y al cual regreso una y otra vez. ¿Quieres elevar tu vibración y equilibrar tu energía? Aprende los conceptos básicos de los cristales.

Developing Mediumship, Gordon Smith (Hay House, 2009). En lo personal, diría que Gordon Smith es el médium que más se basa en evidencia. Sus consejos y su orientación son un tesoro para cualquier persona sensible que se desee desarrollar.

Tarjetas y barajas como oráculo

Healing with the Angels Oracle Cards, Doreen Virtue (Hay House, 2004).

ÁNGELES

Éstas son las tarjetas que utilizo profesionalmente todos los días; son mis favoritas.

Angels of Light Cards, Diana Cooper (Findhorn Press, 2009). La primera baraja que llegué a tener, se ha convertido en una compañera de toda la vida. Nunca viajo a ninguna parte sin tenerla en mi mochila.

Agradecimientos

Un agradecimiento especial a mi mamá, Diane Gray, que hace que toda mi vida se sostenga. Es la columna vertebral angelical de mi vida. Sin ella yo no sería nada; ella ha reservado el espacio que me ha permitido crecer, convertirme en lo que soy hoy en día y compartirlo con el mundo. Y no sólo hace eso, maneja mi negocio para mí; yo lo único que hago es presentarme. Gracias, mamá. ¡Te amo! Eres la mejor.

También me gustaría enviarle mi agradecimiento a mi padre, David Gray, por apoyar mi camino y por creer en él.

Gracias a Hay House por darme la oportunidad de vivir mi sueño y compartirlo con el mundo. He sido muy bendecido. Carolyn Thorne, Jo Burgess y Michelle Pilley, ustedes son un equipo de ensueño de trabajadoras de la luz, que le abren paso a las personas como yo y nos dan una plataforma para compartir nuestro mensaje.

Gracias a Ruth Tewkesbury, también, por mantenerme en los medios de comunicación y por ser paciente con mis respuestas por correo electrónico. Estoy agradecido y eres una estrella brillante.

También me gustaría enviarles mi agradecimiento a Robert y Hollie Holden, quienes se han convertido en amigos profundamente apreciados, a Greta Lipp por ayudarme a crecer en Europa y por ser superdivertida, y a David Hamilton y a mi amiga Diane Etherson, quienes son mi familia del alma.

Amor y apoyo para todos mis amigos; crean en sus sueños y conviértanlos en realidad.

Acerca del autor

Kyle Gray ha tenido encuentros espirituales desde una edad temprana. Cuando tenía sólo cuatro años, el alma de su abuela lo visitó desde ultratumba.

Mientras iba creciendo, Kyle siempre tuvo la habilidad de escuchar, sentir y ver lo que va más allá de los sentidos naturales, lo cual posteriormente le llevó a descubrir el poder y el amor de los ángeles durante su adolescencia.

Ahora, con tan sólo 26 años de edad, Kyle es uno de los expertos en su campo más de moda y más codiciados. Con su capacidad única de mantenerse centrado y fiel a sí mismo, vuelve a presentar la idea de los ángeles en una forma moderna y accesible. El acceso a las pláticas de Kyle en el Reino Unido y por Europa se agota en cuestión de días, y para sus sesiones privadas hay una lista de espera de dos años. Es autor de cuatro libros.